KB103164

조선의 미래학자,
토정 이지함에게 길을 묻다
<경제, 교육, 인간의 미래>

김예진

들어가며

조선 인물사史를 공부하다보면 토정 이지함이라는 인물에 매력을 느끼지 않을 수가 없다. 문리에 치우친 조선이라는 시대에 너무도 역동적이고 기발하고, 신기한 리듬을 그리며 삶을 살았으며 그런 그의 삶 자체가 감동을 주기 때문이다. 양반신분임에도 직접 장사를 하며 큰 부를 일구었고. 힘들게 쌓은 부를 자신을 위해 쓰는 데에는 관심이 없었으며 오로지 백성을 구제하기 위한 목적으로 썼다. 인물에 대해 잘 알지 못했을 때는 그저 '위인이니까 그런가 보다'라고 막연하게 생각했을 뿐, 나와 같이 숨을 쉬고, 보통 사람들처럼 감정이 있고 때로는 인간적 욕심도 있는 사람이라고 여기지 않았다.

하지만 그에 대해서 공부를 할수록 자신을 위하는 일도 아닌데 어떻게 사람이 한 가지(백성구제)에 이렇게 몰두할 수 있을까? 하는 생각이 들었다. 그가 시행한 백성구제 사업은 현대적인 감각이 돋보인다. 자신을 둘러싼 상황들이 온통 비극임이었음에도 전혀 비극적 인물로 느껴지지 않은, 새로운 현실을 창조해 버린 토정 이지함이라는 인물에 정신없이 빨려 들어갔고 책을 쓰는 계기가 되었다.

이 책은 토정 이지함과 제자(나 혹은 이 책을 읽는 독자들)의 문답형식으로 기획했다. 보시는 분들에 따라서는 책에 기록된 이야기가 알려진 사실과는 다른 점이 있어 고개를 갸

웃하실 수 있겠다. 이 책은 인문서이기도 하지만 삶을 길흉화복의 차원을 넘어서 다른 방향으로 이끌어가려고 하는 사람들을 위해 썼다. 겉으로 보인 모습의 토정 이지함은 성리학자이며, 다양한 중생구제 사업 정책을 펼친 경제학자이자 사회사업가, 예언가라고 불리지만, 이 책은 토정 이지함의 알려져 있지 않은 측면에 초점을 맞춘다.

그는 어린 시절 영적인 스승을 만나 7세부터 14세가 되던 해 까지 스승에게 1:1 수련을 받았다. 이러한 사실은 세간에는 잘 알려져 있지 않다. 어떻게 들릴지는 모르겠지만 세상에는 '중생구제'를 목적으로 온 분들이 있다. 토정 이지함도 그런 분 들 중에 한 사람이며, 그는 하늘의 이치를 역술, 관상, 풍수와 같은 방법으로 세상 사람들에게 알리고, 중생의 삶을 물질적인 측면과 정신적인 측면 모두 구제하려고 평생동안 애쓰다 돌아가셨다.

그가 수련을 했다는 사실은 잘 알려져 있다. 그의 행적은 <해동이적>[1]에서 '도사'로 소개하는 데, 조선시대에는 성리학이 정학이고 나머지는 이단으로 취급되었다. 그래서 고래로 내려오던 민족고유의 선맥을 양생술에 가까웠던 도맥과 따로 구별하지 않고 소개하고 있다. 하지만 본디 동이족은 고조선 시대부터 내려오던 선인들이 했던 고유의 수련법이 있었고, 여러 차례 왕조가 바뀌면서 '선인제도'도 순수성을

---

[1] 조선시대 홍만종이라는 사람이 우리나라의 단학설화를 수집하여 기록한 책이다. 홍만종은(洪萬宗, 1643년~1725년)은 조선효종 때의 문신, 학자이다

잃어가고 본래의 의도가 퇴색되면서, 체계적인 정치체계가 필요함에 따라 좀 더 세련된 체계를 지닌 불교나 유학을 정치 '이데올로기'로 차용되었다. 대신 민족 고유의 수련법과 사상은 중앙무대에서 사라졌고 고구려의 조의선인, 신라의 화랑, 백제의 수사제도로 명맥을 이어왔고, 고려시대에는 재가화상, 향도로 전통이 이어지다 조선시대에 들어와서는 성리학외의 학문은 이단시 되면서 민족 고유의 선仙사상은 오래된 명문가에 비밀리에 전수되거나, 승려들 중에 민족사상에 뿌리는 두는 계열에 전수가 되었다. 그리고 단군왕검 이래 내려오던 선인仙人정신은 두레나 향약과 같은 공동체 규범에 조금씩 녹아내려 흐르다, 20세기에 들어서는 흔적조차 찾아 볼 수 없을 정도로 선인정신은 사라지기에 이르렀다.

우리나라에서 기인적 일화가 전하는 인물을 도교적 인물로 분류하는 경향이 있는데, 실은 도교라는 것도 우리나라의 선교가 중국에 전해져서 도교화 된 것이지, 순서적으로 도교가 먼저이고 선교가 나중에 온 것이 아니다. 그리고 선맥이 중국으로 건너가면서 중국의 성격에 맞게 변한 것이 도교이다. 이참에 한국의 선맥은 중국의 '도맥'과는 성격을 달리함을 알아주었으면 좋겠다.

우리나라 선맥의 시조는 단군왕검으로, 특징은 탈 신분적이며 공동체적인 정신이 강하며, 조국수호, 사회참여적인 성격을 지닌다. 수련을 통해 자신을 완성하고 마침내 군자의 수준에 다다른 지도자가 세상에 홍익인간을 실천하고 재세이화를 하는 것이 선맥의 근본정신이다. 우리는 자랑스러워해야 한다. 어느 나라의 초기 역사를 보아도, 정복왕은 많지만 군자왕은 드물다. 역대 단군들의 행적과, 선맥을 이어받은 '조의선인', '화랑', '수사'제도를 살펴보면 나라에서 인재로 발탁된 수많은 젊은이들이 신분에 관계없이 위에 언급된 수련·군사공동체에 속해있었다. 이들이 한 일은 국가 위기 시 가장 먼저 전장으로 달려가 싸우는 가하면, 나라에 재난이 닥쳤을 때 다리를 놓거나 성을 쌓는 등, 빈민구제에 힘을 쓰고 평시에는 호흡 수련을 하고 무예를 갈고 닦고, 하늘에 제사 지내는 역할을 수행했다. 정치계급과는 무관하게(이들을 이끄는 지도자는 귀족계급의 청년이다) 독립된 체재로 존재했으며 서로 간의 끈끈한 유대감과, 자부심을 이들에게 찾아볼 수 있다.

여러 가지 야사들과 기록들을 면밀히 살펴본 결과, 토정 이지함의 가문에서는 가문에 전해 내려오던 호흡수련을 했던 것으로 보이며 토정 이지함도 이를 이어받은 것으로 보인다. 그는 도가 계열의 인물이 아닌 선맥을 이어받은 인물이다. 도가계열의 인물들은 신비롭고 속세를 떠나있으며, 자신의 양생에 관심이 있지 사회참여적인 성격을 지니지 않는다. 그것이 도가와 선가의 차이이다. 이지함의 행적은 처음부터 끝까지 사회 참여적이고 현실적이었다. 그런 점에서 그는 동이족 지도자에서 나타나는 특성을 가진 인물이지 도가적 특성을 가진 인물이라고 분류해서는 안 되는 것이다.

이 책은 우리나라 최초의 사회사업가라고 할 수 있는 토정 이지함의 삶을 공부하고 '그'라면 현대의 CEO들에게 이런 이야기를 하고 싶을 것이라고 가정하고 기획한 책이다. 돈을 버는 것이 단순히 '부의 증식'이 아닌 돈을 통해 '선순환'을 이뤄내려고 하는 분들께 바친다. 이 시대의 진정한 토정 이지함의 후손이신 당신을 응원합니다!

1장. 조선최초 사회사업가,
토정 이지함에게 배우는 경제수업
: 착하게 벌어도 많은 돈을 벌 수 있어.

I 토정 이지함
조선의 수많은 '처음'을 만들어내다

이지함 선인에 대해서 우리는 예언가 혹은 역술가라는 수식어를 붙이지만 이 분에 대해 알아가면서 느낀 점은 16세기 중반의 인물임에도 굉장히 현대적인 인물로 다가왔다는 것이다. 실천하는 지식인의 모습을 생을 통해 온몸으로 보여주었으며, 그의 행적은 당대 내로라하는 지식인들 사이에서도 독특한 것이었다. 실용적인 방법으로 실질적으로 민중의 삶을 구제하려고 했다는 점에서 현대의 복지가, 사회사업가의 모습에 더욱 가깝게 느껴졌다.

그는 조선의 많은 '처음'을 만들어낸 분이다. 무슨 이야기인가? 조선최초의 미래학자, 사회사업가, 자선사업가, 복지행정가였으며, 경제학자였다. 유통, 경제, 천문, 지리, 기상, 풍수, 상수학(오늘날 수학에 해당한다), 역학, 유, 불, 선을 폭넓게 공부하고 세상이 어떻게 돌아가는 지뿐만 아니라 우주의 역의 법칙을 이해하고 이것을 인간의 삶에 어떻게 적용해야하는지를 알았다.

그의 행적을 단순히 인간의 길흉화복과 미래를 알아맞히는 차원으로 이해해서는 안 될 것이다. 우주운행의 이치를 이해하고, 자연의 흐름을 이해하고 더불어 인간사의 흐름을 유기적인 관점에서 이해했고, 이론적 공부와 더불어 잠행시절 이

땅을 발로 뛰고 다니고 인간에 대한 공부를, 세상에 대한 공부를 종합하면서 세상의 모든 것에 통달했던 분으로 이해하면 될 것이다. 그는 세상에 도래할 흐름을 읽어내고 인간들이 가야할 방향을 제시하는 것에서 그치지 않고 엄격한 반상의 구별이 있던 시대에 민중의 삶 속으로 직접 들어가 실질적으로 민생을 안정시키기 위해 생명을 다하는 순간까지 움직임을 멈추지 않았던 분이셨다.

우리가 인물에 대해서 알고 싶고 공부하는 이유는 무엇일까? 그것은 그 사람의 삶 속에서 삶의 나침반을 찾고자 함이 아닐까? 토정 이지한 선생에 대해 연구를 하면서 처음부터 끝까지 마음속에 떠올랐던 단어는 '역易'이었다. 우주의 운행방식도 '역'이고 우주의 축소판인 소우주인 인간도 결국은 끊임없이 변화해야 하는 것이었다. 몸이 움직일 수 없다면 정신활동이라도 활발하게 하여 생명력을 유지하는 것이 인간이 살아있음을 증명하는 길이다. 흐름 속에 인간의 길흉화복도, 성장도, 퇴보도, 사라짐도 존재하는 것이다. 모든 것이 결국은 하나로 귀결되는 우주의 움직임, 우리는 그 거대한 움직임 속에 하나의 세포로 존재하는 우주의 구성원이다.

'토정 이지한 선생에 대해 연구를 하면서 처음부터 끝까지
마음속에 떠올랐던 단어는 '역易'이었다.'

Ⅱ 토정, 현 시대를 진단하다

1. 다음시대를 맞이하며, 새로운 전환

나: 팬데믹 기간을 거치면서 세상의 기준이 바뀌어야 한다는 각성의 목소리가 흘러나오고 있습니다. 현대를 살아가는 제가 느끼기에도 현대사회는 삶의 모든 사안들이 너무 빠르게 흘러가고 있어 어디서부터 어디까지를 기준으로 삼아야 하는 것인지, 나는 새로운 시대에 어떻게 적응해야 하는 것인지 앞으로 시대는 어떻게 펼쳐질 것인지에 대한 불안감이 있습니다. 이에 한 말씀 해 주신다면요?

토정: 앞으로의 시대에 대한 준비가 되려면 지역화 (localization)가 필요하다. 지금 같은 구조로는 모든 산업분야가 복잡하게 얽혀있어 한쪽이 막히게 되면 연달아 영향을 주고받는 형태이므로 지역별로 고립된 상황에서도 각 자치구별로 자립이 가능하도록 산업구조가 변해야 한다. 위기 시에는 고립된 상황을 유지하고 평시에는 다시 각 도시별로 연결되는 체제가 작동해야 할 것이다. 현재는 '저비용, 고효율'이라는 논리에 맞추어 모든 기준을 정하지만 앞으로는 생태계의 보존이라는 대명제를 잊어서는 안 된다. 무엇을 위한 고효율인지 생각해 보면 결국은 한쪽의 자원을 고갈시켜 낳은 결과가 아니던가?

나: 생태계의 보존, 안 그래도 팬데믹 사태를 거치면서 많은 사람들이 말하고 있지요.

토정: 앞으로 인류가 살아남기 위해서는 다양한 기준과 생태적 논리에 맞추어 산업기술을 발전해나가는 것이 선행된다. 이제는 선택이 아닌 생존의 문제가 되었다. **회복의 시대, 상생의 시대로 나아가지 않으면 현재의 인류에게는 답이 없다.** 인간성의 회복, 자연 질서의 회복, 영성의 회복 - 서로 연결되어 상호 작용 속에 일어나는 것이지 한쪽에만 치우친 발전은 반드시 다른 한 쪽의 결핍을 가져오기 때문에 결국 하나의 문명은 종말을 맞이하게 된다는 것을 역사를 통해 알았을 것이다.

앞으로는 '공동체적인 삶'에 주목할 필요가 있다. 전염병과 같은 전 세계적 위기가 일어났을 때 각자의 집에 격리되어 지내는 경험을 했다. 이런 때 도시에서 멀리 떨어진 외국 시골의 마을이 팬데믹 이전과 다름없이 지냈다는 소식을 접했을 때, 느끼는 점이 있었다. 어떻게 가능했을까? 공동체 마을에서는 자급자족이 가능하다. 외부에서 식량이나 생필품의 조달이 없어도, 각자의 마을에서 식량에서부터 생활에 필요한 물건까지도 조달하거나 만들어 낼 수 있는 역량을 갖추고 있다.

도시의 삶은 자연의 흐름과는 유리되어 돌아가기에 항상 외부에서 모든 것을 공급해주어야만 도시경제가 유통되는 구조이다. 평시에는 교통수단의 발달로 공급이 원활하게 돌아갈 수 있겠지만 위기 시에 가장 먼저 생존의 위협을 받는 곳이 도시이다. 그렇다면 도시에서 벗어나 모두 시골로 옮겨야 할까? 그건 아니다.

도시 자체에서도 공동체를 꾸려 함께 생존할 수 있는 방안을 모색해 보자. 공동체정신은 위기 시에 더욱 빛을 발휘하는 법이다. 자연파괴가 가속화 될수록 더 큰 기후위기와, 자연재해, 전염병 사태가 올 것이다. 현 인류는 이에 대한 대비가 필요하다. 뭉치고 협력하는 수밖에 없다. 그간 자연에 끼친 인류의 무분별성에 반성하고 나은 대안을 모색하면서 앞으로의 길을 헤쳐 나아가야 한다. 쉽지는 않을 것이다. 그것이 현 인류에게 던져진 과제이다.

한국인들은 많은 부분 조상들로부터 물려받은 많은 정신적 · 문화적 유산을 잊고 살지만 외세의 침략이 많았던 한반도 땅에서 살면서 현재까지 자신의 문화와 언어를 지속할 수 있었던 힘에는 공동체적인 삶이 큰 역할을 했다는 것을 기억하길 바란다. 오래 전에 우리의 유전자속에 심어진 협동의식, 위기극복의식, 하나라는 의식은 국가 위기 상황 때 마다 한반도를 하나로 뭉치게 하는 원동력이었다.

서양의 '나'를 중요하게 여기는 개인의식도 동양의 공동체를 중시하는 사상도 모두 필요한 것이나 위기 시에는 공동체의식을 가진 문화권에서 어려움을 극복해 내는 것이 유리한 측면이 있다. 이제까지는 지구를 하나의 생명체로 인식하는 공동체 의식으로 까지 확장되지는 않았으나, 이번 기회는 공동체에 대한 의식을 나와 주변을 넘어 자연에까지 확대하는 계기가 될 것이다.

공동체 의식이라는 것도 전체를 위한 희생, 전체를 위해 내가 없어지는 의식이 아니라 **자아의 확장된 형태가 공동체라는 의식이다.** 바로 한민족의 '정', 너와 내가 다르지 않음을 인식하고 연민을 가지는 것 그리고 함께 나아가려는 의지, 그것이 공동체 의식의 핵심이다. 인간을 움직이는 것은 자본이나 권력 혹은 명예 혹은 돈이라고 생각하기 쉬우나 이에 대한 말로는 언제나 허망함으로 끝났다는 것을 안다면, 진실로 인간을 움직이는 것은 나와 함께 세상을 살아가는 **'범 생명체'에 대한 '사랑'이다.** 이를 깨닫는 사람들의 늘어날수록 지구의 모습은 예전의 모습을 회복할 것이며, 자연인 인간도 본디 인간이 가졌던 인간성의 회복을 이룰 수 있을 것이다.

인간성 회복은 중요한 문제이다. 인간이, 인간이 될 수 있는 가장 큰 이유는 인간성이 있기 때문이다. 남을 긍휼히 여기는 마음, 남의 허물을 감싸주려는 마음, 남을 헤치면 마음이 편치 않는 것, 내가 싫은 것을 남에게 권하지 않는 마음, 좋은 것을 보면 함께 하려는 마음, 이러한 마음이 있을 때 우리는 비로소 인간이라고 부른다.

나: 팬데믹을 기점으로 세상이 바뀔 것이라는 이야기를 많이들 합니다. 인간은 앞으로 어떤 방향으로 나아가야 할지요?

토정: 현 인류는 전에 없던 상황을 겪으면서 한층 의식이 성

장하는 것을 느꼈을 것이다. 이번 일을 기점으로 사회표준에 변화가 생길 것이다. 환경이 인간에 의해 많이 유린되지 않았는가? 최소한의 피해로 줄이기 위해서는 그 간의 삶의 방식을 되돌아보아야 한다. 새로운 도약을 위해서는 과거에 대한 반성이 필요한 바, 인류가 깊이 뉘우치고 각성할 때, 새로운 표준에 대한 기준이 만들어 질 것이다. 인류공통의 토의와 각성이 이루어졌을 때 함께 나아갈 수 있다. 대안적 삶에 대한 필요성을 느끼고 공동으로 지속가능한 삶을 선택해야 세상이 변화는 것이지, 외부에서 강제로 변화를 일으킬 수는 없지 않는가?

나: 문제는 이것입니다. 인류공통의 함의가 어떻게 가능할까요? 문제의식은 다들 비슷하게 느끼고 있지만 실제로 이루어지는 것은 없는 것 같습니다. 과거에는 어떤 문화사조가 형성되기 전 혁명 같은 일들이 있었지 않습니까? 생태계를 보호하고 산업구조를 완전히 바꾸기 위해서는 대륙별로 뭉쳐서 혁명이라도 펼쳐야 하는 것은 아닌지? 하는 생각이 듭니다.

토정: 세상의 흐름은 '공존'의 방향으로 가지 않으면 안 되게 되어 있다. 생태적인 움직임을 보이는 사람들은 미리 그 움직임의 향기를 맡고 그 방향으로 나아가는 것으로, 앞으로 인류가 생각해 보아야 할 대안적 삶이 거기에 있는 것이다. 예전에는 소수의 엘리트 기업인들에 의해 전체 기준이 정해졌고, 그들이 사회를 이끌어 가던 시대였지만 이제는 그런 흐름으로는 사회를 이끌 수 없을 것이다. 삶의 형태가 다양

해지고 다양한 변수들이 일어나면서 일방적인 기준만이 적용되는 시대는 지났기 때문이다. 다양한 흐름 가운데 대안적 흐름이 나타나고, 이것이 주류적 흐름이 되어야 인류의 미래가 있다.

나: 그러나 변환의 시기에 다수의 합의에 의한 결정이 아닌 결국은 이전처럼 소수의 권력자, 엘리트주의자들이 세상의 흐름을 결정하는 쪽으로 나아가게 되는 것이 아닌가에 대한 의심은 지울 수가 없습니다. 역사가 그것을 증명하지 않는가요?

토정: 전처럼 자본주의적인 움직임으로 가려는 사람들도 분명히 있을 것이다. 하지만 새로운 윤리의식을 가진 사람들 또한 출현할 것이다. 모든 것은 현 인류가 각자의 자리에서 얼마나 스스로의 기득권을 포기하고 새로운 시대로 나아갈 준비가 되었는가에 달려있다. 인간적 관점에서는 사회적 약자이고 빈곤층이라고 할지라도 자연과의 관계에서 생각했을 때는 인간은 여전히 우위에서 자연을 점령하는 위치에 있었다는 것도 잊어서는 안 된다.

변화는 어려움과 함께 찾아온다. 이런 때 인류가 전체를 위한 방향으로 나아가는 것을 선택한다면 인류는 한 단계 도약의 기회를 맞이할 것이고 그렇지 않으면 전보다 못한 삶을 사는 것이다. 이것 또한 역사를 통해 증명이 되었다. 답은 자명하지 않은가? 상식이 있다면 말이다. **함께 가는 삶이다.** 자연과 인간의 공존을 생각해야 하는 것이다. 인류가 이번 사태로 느낀 것은 너와 내가 다르지 않다는 것, 그리고 **인류는 공동운명체**라는 것이다. 팬데믹 상황을 계기로 그 동안 인류가 가졌던 문제들, 인종차별, 개인주의, 불평등한 경제구조, 교육의 문제 등이 한꺼번에 드러나고 있지 않느냐?

2. 앞으로의 산업구조 - 연대하고 확장한다.

나: 현재의 산업구조는 거대기업이 여러 하청 기업을 거느리는 구조로 운영되고 있습니다. 문명의 최첨단을 걷고 있다고 여겨지는 아마존, 구글, 페이스북 같은 회사도 결국은 수직적 구조로 운영되고 있습니다. 이에 대해서는 어떻게 보시는지요?

토정: 수직적 구조가 꾸준히 계속되기는 어려울 것이다. 개별 인터넷 기지들이 생겨나 수평적 구조로 가정과 가정, 지역과 지역을 연결하는 흐름이 생길 것이다. 자연재해가 자주 발생하고 현재와 같은 상황이 일어난다면, 가장 효율적으로 시스템을 움직일 수 있는 방법은 소규모 단위로 연결되는 것 밖에는 할 수 없다. 그리고 점점 사용하는 데이터 량이 늘어나면서 독립된 기지국이 생겨야 할 것이다. 기존의 수직적 구조의 데이터베이스로는 한계가 있다.

또한 재해로 인해 중앙에 접속하지 못할 때는 지역단위 혹은 개별 가정 단위로 독립적으로 운영되다가, 평시가 되면 중앙에 연결되는 형식이 보편화 될 것이다. 예측불가능한 상황이 늘어나면서 다양한 시도를 이루어 내려는 흐름이 많아지고, 수평적 위치에서 공존해야만 생존할 수 있을 것이다. 한 가지 흐름으로만 세상이 움직여지는 시대는 아닌 것이다.

나: 그렇다면 결국 대기업은 사라지게 되는 것일까요?

토정: 한동안은 존속하겠지만 현재와 같은 구조로는 어려울 것이다. 질적 변화가 필요한 시점이다. 몸집이 너무 크면 급변하는 정세에 빠르게 대처하는 것이 어렵다. 이전처럼 문어발식 경영은 지양하고, 중앙에서 모든 것을 통제할 수 있는 시대가 아니다. 앞으로는 개개인의 특성을 파악하여 맞춤식의 서비스를 제공할 수 있어야 한다. 그리고 기업의 윤리의식 또한 변해야 한다. 하지만 이러한 흐름은 독자적으로 만들어 가는 것이 아니라 시민의식이 따라주어야 함께 변화할 수 있다.

나: 팬데믹 상황 때 지역 상권을 활성화시키기 위해 지역화폐라던가 상품권 활용을 정부에서 권하기도 했습니다. 이에 대해서는 어떻게 보시는지요?

토정: 세상을 하나의 유기체라고 보았을 때 각 지역은 세포라고 볼 수 있다. 건강한 세포는 의존성이 높은 세포일까 아니면 독립이 가능한 세포일까? 그러한 측면에서 지역화폐의 활성화는 스스로의 독립성을 높이는 결과를 낳을 수 있으니 권장할 만한 사안이다. 원래 화폐라는 것은 세상의 에너지를 순환시키는 데에 가치가 있는 것이지 모으고, 증식하는 데 있지 않다. 돈의 속성이 그러하다. **돈의 속성은 흐르는 것이**

라 쌓아두면 물이 한 곳에 오래 있다 보면 썩는 것처럼 돈도 그렇다. 가장 좋은 곳은 필요한 곳에 흐를 수 있도록 내가 필요한 것 이상을 쓰고 남은 것은 타인에게 증여를 하거나 기부하는 것이다.

돈도 돈의 소망이 있다. 쓰이길 원하지 쌓여있는 것을 원하지 않는다. 하다못해 은행에라도 맡겨서 필요한 사람에게 쓰여 지고 싶어 하는 법이란다. 이왕이면 좋은 의미를 가지는 곳에 쓰여 지는 것이 돈의 소원이다.

나: 헐, 이럴 수가! 돈도 바라는 바가 있다고요?

토정: 무생물은 원이 없는 줄 아느냐? 이 세상에 존재하는 것은 모두가 인간의 언어를 말할 수는 없어도 각자의 존재 방식에서 원하는 것들이 있다. 그렇게 흐름을 실천하면 또 다른 부가 나에게 비워낸 만큼 채워지는 것이 세상의 이치다. 못 믿겠으면 지금 당장 실험해 보시게.

나는 생전에 국부론을 주장하였지. 나라에서 개발하지 않은 자원을 이용하고 산업(공업, 수산업, 수공업, 염전, 광산개발, 바다자원)을 일으켜서 규제를 풀고 실질적이고 융통성 있는 경제 살림을 꾸리고 민생을 안정시키는 것이 통치의 핵심이라고 말했다. 아무리 말세라고 일컬어지는 시기라도 지도층이 깨어 있다면 방법은 얼마든지 나올 수 있는 것이며 필요한 인재는 모든 시대에 있어왔다. 하지만 내가 살아가던 시대에는 내가 했던 주장이 동시대인의 이해가 부족하여, 하나의 대안으로만 치부되었을 뿐 실제로 정책에 반영되어 쓰여지지는 못했다.

나: 후손의 입장에서는 너무 안타까워요. 그때 제대로 정책에 반영이 되었다면 조선 후기의 모습이 많이 달라졌을 텐데요. 아마 지금 세상도 마찬가질 거예요. 많은 좋은 생각들이 있지만 그것을 세상 사람들이 이해하지 못하고 받아들이지 못한다면 소용이 없잖아요.

토정: 내가 느꼈던 것은 한 사람의 선각자가 나와서 세상을 구할 수 있을 것 같지만 세상은 호락호락한 곳이 아니다. 결국은 각자 깨어야 하고, 깨인 만큼 나아갈 수 있는 것이다. 아무리 좋은 것을 제시한다고 해도 그것을 알아볼 수 있는 눈이 없다면 쓸 수가 없지 않느냐?

내가 살아가던 시대는 사고의 틀을 깨는 것이 무척 어려운 시대였다. 그러나 지금의 인류는 할 수 있다. 세상의 모든 지식에 접속이 가능하고, 지구 한쪽에서 일어나는 일들이 실시간으로 알려지고, 숨기려고 해도 결국은 sns를 타고 드러나는 것이 현시대의 특징이니까.

정부나 기업들이 변화하지 않는다고 해서 실망할 것이 아니라 이제는 개개인이 각성하고 나아갈 수 있는 시대이다. 오히려 지금 같은 시대에는 덩치가 작은 것이 세상의 변화에 발맞추어 움직이는 것에 더욱 유리하다.

작가 주: 미래학자인 제레미 러프킨(Jeremy Rifikin, 1945~)
미국의 경제학자, 작가, 사회학자, 사회운동가, <엔트로피>,
<공감의 시대>, <수소혁명> 과 같은 저서를 집필했다.)은 팬
데믹 기간 동안 진행된 여러 대담에서 글로벌 기업은 앞으로도
존재할 것이라고 했다. 다만 중소기업들과 지역공동체에서 운
영하는 협동조합, 사회적 기업들과 연대를 하며 조직을 운영해
나가야 한다고 했다. 왜냐하면 지금처럼 예측 불가능한 변화가
잦은 시대에는 몸집이 클수록 변화에 적응하는 것이 어렵기 때
문에 단점을 소규모 회사들과 연대를 하면서 질적 변화를 꾀하
여야 하는 것이다.

3. 21세기는 회복의 시대, 공존의 시대

나: 현시대의 주류 철학은 '자본주의'와 '민주주의'입니다.
요즘은 민주주의 시대라기보다는 자본주의 시대라는 생각이
들기는 하지만 아무튼, 20세기 전반까지는 이 사상들이 인류
를 지탱하여 왔지만 현대에 들어서 많은 문제점이 드러나고
있습니다. 우선 환경을 파괴했다는 책임을 면할 수가 없어요.
그리고 저를 포함한 모든 사람들이 일조를 했고요. 21세기는
회복의 시대, 자연과 인간, 영성의 잃어버린 고리를 찾아야
하는 시대라고 아까 말씀하셨지요?

토정: 자본주의는 20세기를 지탱하여 왔다는 점에서 역할을

하긴 했으나 '단절'이라는 큰 문제점을 안고 있다. 인간과 인간관계의 단절, 인간과 자연과의 단절, 인간과 영혼과의 단절이 그것이지. 인간이 영혼을 가진 생명체라는 것을 자각하지 못한 것이 자본주의의 함정이네. 인간 또한 기계의 거대한 부속품으로 여기고 상품화 시킨 것이 자본주의의 특성이니까. 무엇이든 지나치게 에너지를 쓰고 생산함으로써 근본적으로 생태계 파괴를 가져왔으며 이에 대한 결과는 인류가 고스란히 겪을 수밖에 없네.

동이족 철학은 자연, 하늘, 인간이 서로 연결되어 있으며 보완하는 관계로 하나의 우주 공동체관이 고래로 백성들의 세계관이었네. 그러나 서양의 세계관에서는 각각의 개체가 개별적인 존재로 살아가기에 자연 생태계를 파괴하는 것이 결국은 인간 자신을 파괴하는 결과로 이어진다는 것을 간과한 것이네. 서양식 합리적인 사고 속에 결여된 것은 자연과 인간을 하나의 유기체로 보든 생태의식이었거든. 그리고 존재하는 생명체에 대한 사랑의 마음이 없었던 것도 심각한 결점이라 할 수 있네.

우리의 철학에 이미 세상의 문제를 해결할 수 있는 지혜가 담겨 있는데 서양의 사상에서 지혜를 얻으려고 하는가? 실용적인 방법은 19세기 이후 산업화 과정을 끝내고 20세기 후반에 들어서 먼저 생태를 보호하고자 노력했던 서구세계의 예를 공부하는 것도 좋지만 근본적인 정신은 동이족 철학에 이미 녹아내려 있음을 기억하게.

그 동안 한국인이 한강의 기적을 일으키고 풍부한 지하자원이 없음에도 빠른 속도로 선진국에 진입할 수 있었던 이유가 무엇인가? 그것은 문화의 힘이네. 우리에게는 이미 역사이래 이 정도의 문명과 문화를 이룩하면서 형성된 문화유산이 있네. 문화란 유형의 문화와 무형의 문화가 있고 그것은 물리적 형태로 전해지기도 하지만 조상으로부터 유전자나 '얼'의 형태로 전달받는 법이지. 문화력이 뒷받침 해주지 못한다면 한국이 이처럼 빠른 속도로 선진국에 진입하기란 어려웠을 걸세.

현재 한류가 세계 속에 우뚝 선 것도 바로 그러한 한국인의 특성이 결집되어 나타난 결과 아닌가? 무엇이 필요한 것이라는 사회적 함의만 있으면 빠른 시일 내에 변화를 가지고 올 수 있는 힘이 한국인에게 있다. '빨리빨리' 문화는 일반적으로 좋은 것은 아니나, 지금처럼 지구시계가 언제 멈출지 모르는 상황에서는 한국인의 '빨리빨리'가 좋은 방향으로 적용 되었으면 한다.

나: 현 시대의 문제점을 해결하기 위해 서양의 과학자들과 철학자들은 동양철학에서 해답을 찾으려 하는데 우리들은 고유의 철학인 천지인 사상, 오행사상, 홍익인간에 대해 오히려 무지한 것 같습니다.

토정: 자본주의사상이 간과한 것 또 하나 있다면 그것은 인간이 정신즉 마음을 지닌 존재라는 것이다. 서양에서는 합리적이고 과학적인 사고를 중요한 나머지 이 측면을 간과했

다. 그래서 동양의 철학을 이해하지 못함에서 오는 오류임에도 불구하고 단순히 '신비적인 현상'으로 치부하는 경향이 있었다.

동양에서는 반면 정신적인 측면만을 너무 추구한 나머지 조선시대에 와서 백성들의 삶이 지나치게 가난해졌지. 무엇이든 극단적으로 치우지는 것은 우주의 흐름에 어긋나는 거란다. 근 100여 년간 인류는 물질주의와 자본주의를 경험하였고 그 폐해를 지금 겪고 있으니 **동양의 생명존중사상이 과학기술과 융합을 이루어야 한다.**

작가 주: 현 시대를 기민하게 느끼는 사람들은 동의할 것이다. **21세기는 서로 다른 영역 간 융합하고 교류하고 소통하고 교감하는 시대이다.** 수평적 사고가 중요했고 연대가 중요한 시대가 되었다. 그렇다면 사상도 마찬가지 이다. 많은 산업분야에서 혁신은 융합과 함께 이루어졌다. 기술과 과학의 결합, 기술+과학+예술의 결합, 이제는 동양의 생명존중사상, 본질적으로는 한국의 천지인, 홍익인간 사상과 산업분야의 융합이 이루어져야 하는 시대이다.

작가 주: 시대의 어떤 사조가 유행하고 갑자기 주목을 받을 때에는 반드시 시내가 요구하는 흐름이 있기 때문이다. 한류가 주목을 받게 된 계기도 이러한 시대적 흐름과 무관하지 않다고 생각한다. 정신적인 이유가 있다. 그리고 그것은 인류의 의식을 한 단계 높이는 역할을 했다. 삼성과 애플을 예로 들어보자. 기술적인 면에서 삼성은 애플보다 꿀릴 것이 없다. 그럼에도 애플은 마니아를 낳았고 삼성은 그렇지 못한 이유가 뭘까? 나는 '정신'의 유무라고 본다. 그것을 소비하게 하는 어떤 스토리가 있는 것이다. 또, 디자인 측면에서 예쁘기도 하다.

4. 조직문화 □ 에서 공동체 ○ 문화로: 인간은 지구의 보호자였다.

나: 앞으로 우리가 공동체를 회복해야 팬데믹같은 사태를 이겨낼 수 있다고 하셨지요?

토정: 공동체로 나아가야 하는 이유가 있다. 근본적으로 말하면 우주 전체는 하나의 유기적인 시스템으로 운영되고 있지. 광활한 우주이지만 어느 한 부분 서로에게 연결되어 있지 않은 부분이 없어. 지구는 또한 우주의 일부이고 그 속에서 살아가는 인간과 자연역시 생태계의 일부이기도 하고 우주의 세포를 구성하기도 한다네.

그런 의미로 보았을 때 해결책은 (하늘-자연-인간)의 끊어진 고리를 회복하고 하나의 공동체로 보는 천지인天地人 사상을 현 시대에 복구해야 한다. 지금까지 인류는 기존의 경쟁에서 살아남는 이들이 승자가 되고 나머지는 소외감을 맛보아야 했다면, 공동체 속에서는 모든 이들이 유기적으로 연결되어 있어 혼자만 독식하는 태도로는 생존할 수가 없다네.

서로가 연결된 공동체 삶 속에서 중요한 능력은 서로를 소통시키고 연결시키는 능력과 상대를 배려하고 더 큰 하나를 위하는 마음처럼 **인간의 품성이 가장 중요한 능력으로 대두될 걸세.** 이것이 의미하는 바는 20세기에는 물질로 대표되는 힘의 시대였다면 이제는 정신적 가치가 더욱 중요해 지는 **영성과 정신의 시대가 왔다는 것이다.**

인간이 알아야 할 것은 지구 또한 유기체로서 하나의 생명체로 지구의 생生을 살아간다는 것이다. 예전에는 그러한 것을 당연하게 알았고 삶 속에서 자연을 내 몸처럼 생각하는 일들을 실천했으나, 현대의 사람들은 점점 기계화된 세상에 살면서 내가 마주하는 생명체가 생각과 감정을 가진 존재라는 것을 잊고 살고 있다. 기술변화의 속도가 빨라지면서 사람들의 윤리관이 이를 따라가지 못한다면 인간이 인간적인 면보다 기계적인 측면에 더욱 영향을 받게 되어 인간이 인간답지 못하게 된 사례들이 많이 출연하고 있지 않는가? 기술발전은 이전과는 비교할 수 없을 정도로 발달했지만 행복이라는 명제아래 얼마나 많은 사람들이 스스로를 행복하다고 여기고 있는가?

선인들이 시대의 병증을 짚고 해결책을 제시했으나 인류역사상 그것들이 당대에 주목 받고 실현된 예는 거의 없다. 지금은 다르다. 사실은 다르다고 믿고 싶은 쪽이다. 남은 시간이 절대적으로 부족하다. 그리고 현 인류는 관심을 가지면, 알고자 하면 알 수 있다. 예전에는 소수의 엘리트들만이 정보를 공유했지만 지금은 아니다. 시대별 성현들의 말씀과 인류역사가 어떻게 발전해왔는지 공부를 하면 알 수 있다. 해야 할 일은 **비슷한 생각을 가진 사람들과의 연대이다.**

다시 한 번 말 하지만 자연은 스스로의 흐름대로 흘러 갈 뿐이다. 우리가 간과하는 부분은 인체도 스스로 몸을 회복하는 능력이 있는 것처럼 자연도 그러하다. 자연재해가 빈번하게 일어나는 것도 지구의 자정작용 중의 하나이고 바이러스도 그렇다. 지구는 계속 자신을 치유하려는 자정작용을 진행할 것이고 이것은 앞으로 다양한 방식으로 나타날 것이다. 이를 통해 인간이 무엇을 해야 할 지를 깨닫지 못한다면 지구촌의 미래를 담보할 수 없고 생명체로서 지구가 자신의 자정능력을 넘어설 만큼 오염도가 심해진다면 지구는 자동으로 휴지기에 들어갈 것이다.

그간 지구에 있었던 수차례의 빙하기는 지구 자정작용의 결과로 이루어진 것이다. 지구의 오염에는 또한 단순히 물질적 오염만을 포함하지 않는다. 정신적인 오염도 상당하다. 인간의 존재에 대해서 만물의 영장이고 귀한 존재라고 생각했겠지만 실상 인간의 존재는 지구에서 가장 불필요하고 피해를 주는 존재라는 것을 알았느냐?

인간에게 사고력과 정신력이 주어진 이유는 지구의 보호자가 되어 지구 전체의 조화와 균형을 이끌어가기를 바라는 마음 으로 그렇게 창조되었으나, 욕심과 물질에 가리어 본래의 역 할에서 벗어나 이제는 지구의 존립을 위협하는 것이 인간이 되었으니 통탄할 일이다.

Ⅲ 다르게 살면 비로소 보이는 것들
:처사로 살아갔던 이유

나: 토정 선생께서는 양반가에서 태어나고 성장했지 않습니까? 과거시험을 보지 않은 것은 이해할 수 있습니다. 시절이 수상했으니까요. 다른 선비들은 보통 자신이 살고 있는 향촌이나 산림에서 때를 기다리면서 제자를 양성했었지요. 하지만 토정 선생께서는 그렇게 하지 않고 전국을 다니셨다고요. 그래서 기인이라는 소문도 났고, 실제로 보통 사람이라면 하지 않았을 다양한 일화들도 있습니다. 이유가 있을까요?

토정: 내가 과거를 보지 않고 중앙정계에 나아가지 않았던 이유에 대해서 여러 가지 해석이 있지. 절친했던 벗인 안명세의 죽음이 결정적인 계기가 되었다거나 처가의 몰락으로 인하여 집안상황이 어수선 했던 점에 주목하기도 한다. 벗의 죽음이 내게 충격을 주었고 집안 상황이 온전히 과거공부에 전념하기에는 어려움이 있었던 것은 맞다.

그러나 나는 원래부터 과거를 보는 것에는 그다지 관심이 없었다. 조선시대를 살아가는 양반사족의 신분으로 과거 공부를 등한시 할 수는 없었으나, 나의 길이 아니었다고 생각했지. 내게는 어린 시절 스승이 있었다.

나: 스승이 있었다고요? 그러한 것은 역사적으로는 잘 알려

진 사실인데요.

토정: 집을 떠나 7세부터 14세가 되던 해까지 스승으로부터 1:1로 도를 전수받았다. 이러한 사실은 세간에는 잘 알려져 있지 않다. 스승으로부터 호흡 수련을 전수받고 하늘의 법도를 익혔다. 부모님도 다 허락한 일이었다. 내가 하고 싶었던 일은 하늘의 법도를 지상에 펼치는 것이었지 관리가 되는 것은 상관없었다. 그러니 과거시험을 봐서 관리가 되고 아니고는 부차적인 문제였다. 문제는 어떻게 하늘의 법도를 지상에, 인간들에게 전하는 가였다.

이를 위해서 나는 세상공부를 해야 할 필요가 있었다. 하늘의 법도는 익혔으되 그것을 세상에 풀어나가야 했기에 세상속으로 나아가는 공부가 필요했던 것이지. 여기저기 발로 뛰고 다니면서 실질적으로 세상의 파도에 부딪치고 느끼며 세상 공부를 했고 이론공부는 말 그대로 이론이고 실제로 세상이 어떻게 움직여지는지 사람들의 마음은 어디로 향하는지를 확인하고 싶었네.

당시 사람들의 상식으로 보았을 때 내가 기인으로 비춰졌음을 충분히 이해한다. 그 이유는 기본적으로 내가 호흡 수련을 하고 있었기 때문이었고, 세상의 틀을 넘어 생각하고 행동했기 때문이었다. 당대에는 저마다의 사명을 가지고 세상에 태어났던 선인들이 많이 있었다.

나: 그 이유가 무엇인지요? 전 시대보다 많았다는 말씀이지

않은지요?

토정: 하하, 이것은 비밀 아닌 하늘의 비밀인데 세상이 전환기에 많은 선각자가 태어나서 시대를 한 단계 상승 시키는 데 일조한단다. 전환기라는 것은 이전 시대의 가치관과 다가올 가치관이 서로 상충하면서 한 마디로 치고 박는 시대이며 이 과정에서 많은 것들이 새로이 생겨나고 부서지기도 한단다. 한 마디로 창조의 시대이지.

안정된 사회에서는 혁신이 발생하기는 어렵지. 하지만 변화의 물결이 일렁이는 시대에는 나락으로 갈 요소와 도약할 요소가 함께 도사리고 있네. 그것 자체가 사실 생명력이기도 하지. 그래서 하늘에서 많은 선인들이 내려오기도 한다네.

각자는 자신의 자리에서 자신들의 역할을 하다 갔으며, 나는 인간을 깊이 연구하여 그 속에서 우주를 발견하는 공부를 하고 있었지. 한국의 위인들을 공부해 보면 그들이 했던 공부가 무엇인지 파악할 수 있을 것이다. 하지만 기운으로 역할을 했던 사람들은 흔적이 남지 않아 그 분들의 역할을 속인으로서는 알기가 어려운 점이 있지.

내가 어릴 적 동네에는 아주 평범한 어르신이 있었네. 늘 조용하고 반듯하게 행동하신 분이고 특출 날 것도 없고 그저 있는 듯 없는 듯 생활하고 계시다가 돌아가셨지. 그런데 돌아가신 그 분의 얼굴이 생전과 다름없이 생기가 돌아서, 사람들은 여러 차례 그 분이 숨을 쉬는 지 아닌 지 확인한 후에야 비로소 장사를 지낼 수 있었다네. 그 분의 유언이 특이해서 기억에 남네만, '응달에 묻어주어'라고 되어 있었어. 보통은 양지에 묻히고 싶어 하잖아, 왜 응달에 묻히고 싶어 하셨을까?

아! 이 분은 선인이셨구나. 재야에 묻혀 평범함을 가장하며 살아갔지만 사실은 세상의 걱정은 모두 하시면서 인간들 모르게 도움을 주면서 살아가셨구나. 평소에는 이런 것을 느끼지 못하다가 이 분이 돌아가고 나시고야 마을 사람들은 깨달았지. 자신들의 마음을 지탱해준 힘이 사라졌다는 것을. 위대한 사람들의 위대함은 평시에는 드러나지 않는 법이라네. 오히려 드러나는 위대함은 드러나지 않은 위대함보다는 한 수 아래라네.

나: 그런 이야기를 들으면 조선 시대에는 유학이라는 틀 때문인지 다들 성리학자의 모습을 하고 있지 않습니까? 하지만 동서양을 막론하고 일화를 왕이 관리를 천거할 때나 스승을 모실 때 재야의 고수들, 서양에서는 철학자들 동양에서는 고승이나 도인들을 찾아간 것이 떠오릅니다. 말 한마디로 그 사람의 오래된 편견을 깨어주고 상대가 몇 생에 걸쳐 공부할 것을 압축시켜주기도 하는 그런 분들에 대한 일화 말이죠. 조선 시대에도 그런 분들이 분명히 있었던 거네요.

토정: 그렇지. 시대의 틀이 성리학으로 규정되어 나머지는 일견, 탄압당한 것으로 보이기는 했지만 오랫동안 우리역사에 흘렀던 면면들이 단 번에 사라질 수는 없는 법. 고려시대

이후 정치 무대뒤안길로 사라졌던 불교는 민중들에 깊이 뿌리를 내려 삶의 방향을 알려주었고 고조선 이후 고래로 내려오던 호흡법은 양반 명문가에 전해 내려오거나 1:1 사제관계로 드문드문 맥을 이어 내리왔다네.

나: 알겠습니다. 토정선생께서도 그 분들 중 한 분 이셨군요.

토정: 당시 나와 비슷한 길을 걸어가던 선비들이 몇 있었지. 그들은 다양한 학문을 공부하고 나라를 구제할 방도를 모색하였으며 대부분은 자신들이 은거지에서 제자를 길러내고 학파를 형성하는 것으로 시대적 소임을 다하려고 했네. 그러나 보다 현실적인 성향을 지녔던 나는 그들의 삶에 도움이 될 수 있도록 직접적인 도움을 주고 싶었다.

그러한 노력들은 마포에 토정을 지어 생활했던 것, 아산현감과 포천현감을 맡아 고을을 다스렸던 것으로 나타났지. 이는 기록에 나와 있는 나의 행적이고 실제로는 살아가면서 만나는 거의 모든 사람들에게 필요한 도움을 주려고 했다.

나: 선생의 삶을 보면 절로 '노블리스 오블레제' 라는 단어가 떠오릅니다.

토정: 당시 양반들은 조선의 지배계급으로 지도자의 위치에 있던 사람들이었다. 이들의 역할은 기본적으로 읽고 쓰고 학문을 하는 사람들이었으나 지도자란 백성을 구제하기 위해서라면 어떤 일도 할 수 있어야 한다고 보았으며, 자신이 직접

그 일에 뛰어들지는 못하더라도 최소한 방법은 제시할 수 있을 정도로는 지식을 쌓고 있어야 한다고 생각했다. 백성들을 다스리고, 그들의 삶을 평안하게 하려면 백성들의 의식주가 해결되어야 한다고 생각했지. 이를 위해서는 경제적인 측면을 생각하지 않을 수가 없었네.

조선의 선비들은 백성이 국가의 근본임을 인지하고 있었다. <조선경국대전>에 '백성이 국가의 근본이며 군주의 하늘'이라 명시되어 있다. 지도자가 백성들을 위한 정책을 펼치기위해서는 백성들의 삶을 이해하고 무엇이 필요한지를 파악하고 있어야 한다. 하지만 내가 보기에 조선의 선비들은 백성들의 실질적인 삶보다는 성리학적인 질서를 세우는 것에 관심이 많았다. 물론 그러한 사상적 흐름도 필요한 것이긴 하지만, 실질적인 방도를 세우고 구체적인 대비책을 세우는 것이 더욱 중요하단다. 그래서 누구랄 것도 없이 내가 그 일에 뛰어든 것이다. 내가 '나라의 주인'이었으니까.

자신의 역할을 찾기 위해서는 시대를 읽을 수 있어야 한다. 그 속에서 나의 소명이 무엇인지 발견하고 구체적으로 실천하는 가운데 또 알아지는 것 - 책을 통해서는 알지 못했던 진리와 책을 통해서 피상적으로만 알았던 진리를 확인하는 깨달음 - 이 있다. 이론을 추구하는 흐름과 더불어 실리를 추구했던 나의 노력들이 중앙에 받아들여져 백성 구제 사업으로 이어졌더라면 어땠을까? 그러나 그것 또한 시대의 한계였으니 누구를 탓할 수 있으랴.

나: 현재 한국 사회는 모든 것이 하나의 가치관, 하나의 기준만을 향해 달려가고 있습니다. 극으로 치닫는 것이지요. 예를 들어, 예전에는 똑똑한 젊은이들이 기초과학 분야에 진출하여 공부를 하고, 공대나 인문대의 수요도 많았다면 이제는 인재들이 각자의 고유한 적성이나 특성과는 상관없이 공무원이 되기 위해 고시공부에 매진한다거나 적성과는 관련이 없어도 의대를 가려고 하지요.

미적인 기준도 하나의 기준을 설정해 놓고 그 기준에 해당하지 않으면 추한 것으로 본다거나 사회 전반적으로 많은 가치들이 천편일률적으로 흐르는 것 같아 요즘 세상 돌아가는 것을 보면 쓸쓸한 마음을 감출 수 없습니다. 승자독식사회, 이기지 않으면 지는 것, 좀 더 다양한 가치, 다양한 삶의 방식, 작은 것들을 소중히 여기는 마음 이런 흐름들이 주류로 떠올랐으면 하는데, 외려 세상이 흘러가는 방향은 더욱 극단적으로 한쪽방향으로만 흘러가는 것 같습니다.

그 만큼 현 상황이 위기에 처했다는 것을 방증하는 것이 아닐까 싶어요. 7,80년대 한국은 자유의 억압에 항거하는 학생운동이 시대정신이었다면 현대의 시대정신은 오로지 '부'를 어떻게 증식하는 가 - 에만 초점이 맞춰져 있는 것 같습니다.

새로운 판을 짜는 것은 지금! : 문제가 드러났을 때가 기회

토정: 하나의 흐름이 승하게 되면 반드시 빈 곳이 나타난다. 승자독식의 사회라고 한다면 1등이 되지 못한 사람들은 어디로 향할 것인가? 어떤 삶을 살 것인가? 스스로 패배주의에 물들어 비관만 할 것인가? **명제자체가 잘못 되었는데, 그 틀 속에서 벗어나 새로운 판을 짜 볼 생각은 하지 못하는 것이냐?** 경쟁 구조 속에서 1등을 한 것이 품성과 지성을 갖춘 인격체로 성장하는 것과 무슨 관련이 있는가? 내가 현재 사회구조 속에서 1등을 하지 못한 것은 부끄러운 일이 아니다. 이미 명제자체가 잘못되었으니까. 사람의 능력과 재능, 소질이 모두 다르게 태어났는데 한 가지 기준으로 일등부터 꼴찌까지 줄 세우는 것이 무슨 의미가 있는가?

혼자서는 힘들다. 모여서 무언가를 함께 만들어 가라. 경쟁이 아닌 화합과 상생, 연대를 하는 새로운 세상을 창조해내면 될 것이다. 나눌수록 커지는 법칙을 모르느냐? 이미 짜여 있는 판 속에 들어가 경쟁을 통해 이기는 것은 야생의 세계와 다를 것이 없다. 그러나 좀 더 많은 사람들과 연대하고 나누고 자원을 순환시킬 수 있는 경제체제를 만들어 갈 수 있다면 나는 하나의 새로운 세계를 창조하는 조물주가 된다.

용기를 내지 못하는 이유는 실패에 대한 두려움 때문이겠지만 막상 시작해 보면 두려워할 것이 없다는 것을 느낄 것이다. 사람이 모이면 일이 생성되고, 그 일을 통해 또 다른 일이 창조되고 새로운 문화가 생겨날 것이다. 태어나서 진실로 차오르는 삶의 보람을 느낄 것이다.

내가 조선팔도를 다니면서 다양한 백성구제를 펼쳤던 이유는 나의 경우가 하나의 대안모델이 되어 전국 곳곳에 비슷한 사람들이 나타나길 바랐던 것도 있다. 전례가 없으면 무언가를 시도하는 것이 두렵지만 하나의 성공했던 사례가 생기면 누구든지 뜻만 있다면 내가 했던 일을 시도해 볼 것이라고 생각했다.

이러한 나의 노력을 일부사람들이 알아주어 내가 죽은 뒤에도 복지사업을 근근이 이어간 경우는 있었지만 '나'라는 사람이 사라진 뒤에도 적극적으로 그 사업이 이어진 경우는 거의 없었다. 공적차원에서의 사업은 아무래도 여러 가지 제약이 많고 하고 싶은 대로 하기가 어려운 측면이 있다. 하지만 개인차원에서는 여러 가지 사업을 시도해 볼 수 있지 않느냐?

도시화가 진행되면 시골은 '공동화'가 되고, 그렇다면 그것이 새로운 기회가 될 수 있다. 빈 곳에 가서 필요한 도움을 생성하는 것, 실패할 수도 있고 생각만큼 성과가 나오지 않을 수도 있겠지만 경험을 한다는 측면에서 본다면 나쁘진 않을 것이다. 물론 사회변화가 워낙 빠르게 진행되다 보니 불안한 마음에 의대, 고시, 공무원 등 특정 직종으로 인재들이 쏠리는 경향이 있지만 다른 한쪽에서는 이전과는 다른 흐름들이 생겨나고 있지 않느냐?

다양한 경험을 중시하는 사고방식, 하나의 직장이나 하나의 직업에만 '올인'하는 것이 아니라 이것도 할 수 있고 저것도 할 수 있다는 유연한 태도, 소유보다는 공유, 재활용, 취미와 일의 경계가 넘나듦, 재택근무나 근무시간의 자유, 돈보다는 가치 있는 일을 함으로써 얻는 만족감, 사람과 사람을 잇는 일, 소비보다는 나눔과 관계를 중요시 하는 태도로 점차 바뀔 것이다.

이러한 흐름이 아직 주류로 떠오르지는 않았지만 극단적인 흐름이 강화될수록 상대적으로 그와 대척점에 서 있는 다양성에 대한 욕구도 커지는 것이다. 모든 흐름에는 긍정적인 흐름과 부정적인 흐름이 같이 있다. 그 속에서 무엇을 취할지는 각자의 몫이다.

나: 그렇군요. 저는 너무 한쪽으로만 생각했는데 두 가지 흐름이 다 존재하고 있다는 것을 간과하고 있었어요.

토정: 항상 전체를 보아야지. 그리고 세부 사항을 살펴보고. 문제를 해결하는 법은 그렇다. 현미경과 망원경이 같이 필요하지. 예전에는 모든 사람들이 한 가지 삶의 방식을 고집했다. 하지만 사회가 급변하게 되면 한 가지 삶의 방식으로 모든 사람들이 살아갈 수는 없다. 이에 대한 불안감으로 공무원이나 의료분야에 사람들이 쏠리는 것도 사실이지만 이런 시대일수록 사람들의 의식이 성장하면서 유연성이 길러지기도 한다. 아무리 위기라고 해도 희망의 흐름 또한 가까이에

서 흐르고 있다. **그것을 보려면 자신의 자리에서 방향을 틀고 시선을 돌려야만 한다.**

> *'그것을 보려면 자신의 자리에서 방향을 틀고
> 시선을 돌려야만 한다.'*

내가 살았던 시대도 마찬가지였다. 정치, 사회적인 상황을 살펴보면 암흑천지였지만 그럼에도 개발되지 않은 자원이 무궁무진 하였고, 조금만 시선을 돌려보면 농업 외에도 수공업, 상업, 무역으로 얼마든지 부를 마련할 수 있었다. 사람들은 틀 속에서만 살아가려고 하고, 그 밖을 벗어나면 죽는다고 생각하는 경우가 많다. 그러나 현 인류는 축적된 역사와, 수많은 정보의 개방으로 자신이 속한 곳 외에도 다양한 세상이 있다는 것을 안다. 용기를 내어 새로운 세상을 창출해 나가길 바란다. 쉽지는 않다. 하지만 지금처럼 살아가는 것도 별다른 희망은 없지 않은가?

나: 하하, 솔직히 그렇지요. 저를 보아도.

토정: 이것도 안 되고 저것도 안 된다면 모험을 해 보는 것도 나쁘진 않을 것이다. 어차피 잃을 것이 없기 때문이다. 경제 원리는 항상 경쟁으로만 이루어지는 것이 아니다. 그것은 자본주의 경제원리가 도입되면서 상식이 되어버린 개념이지 과거에는 경쟁보다는 협동을 통해 **타인과의 공존을 통해 이익을 창출하는 예가 더 많았다.** 거대한 자본원리에 대항하는 방법은 협동과 소통, 연대를 통한 경제 분야의 창출이다.

이미 사회적 기업, 공유경제를 통해 이루어지고 있지 않느냐? 이런 흐름이 더욱 많아져야 할 것이다. 대세가 되기 전에 내가 먼저 뛰어들어 한 분야를 개척한다면 나는 선구자가 된다. 내가 그러했듯이.

나: 맞아요! 선생께서는 여러 가지 백성 구제 사업을 펼치시기도 했었죠. 요즘 식으로 말하자면 사회적 기업을 육성하셨던 것이죠. 하지만 자신의 이익은 가족들에게 돌아갈 몫이라도 챙길 법 한데 모두 백성들의 몫으로만 돌렸었지요. 해양 지식을 바탕으로 배를 타고 백성들을 싣고 직접 고기잡이에 나섰고, 박을 심어 속은 식량으로 삼고 바가지를 만들게 했고, 갯벌을 다져서 소금 만드는 법을 가르쳤지요.

게다가 전국을 돌아다니면서 지역 간의 격차를 이용한 유통을 강조하셨지요. 이런 활동들을 보면 나라를 구하는데 진심으로 미쳐(?) 있었던 것 같아요. 고생할 것이 뻔한데 그것을 사서 한다는 점에서 그렇지요. 사업가로서 이지함 선생은 굉장한 수완이 있었습니다. 조선 최고이지 않았을까요? 조선이 해외 무역까지 허락했다면 선단을 꾸려서 해외무역도 하셨을 겁니다.

Ⅳ 토정 이지함이 알려주는 돈을 버는 법칙

1. 크게 베풀면 크게 얻고 작게 베풀면 작게 얻는다

토정: 돈을 버는 데는 원칙이 있단다. 내가 큰돈을 벌 수 있었던 이유가 단지 세상이치에 밝고 지리에 밝아서였을까?

나: 글쎄요, 저는 사업 분야는 젬병이라 그것 말고 무슨 비밀이 있을까요?

토정: 내가 사업을 시작했던 이유를 생각해 보면 된다.

나: 시작했던 이유라, 그거야 백성들을 밥을 해결해 주려고 그랬지 않습니까?

토정: 그렇지. 부의 핵심, 많이 나누려고 하면 더 크게 주어지는 법이지. 아끼고 절약하고 타인을 희생시켜서 부를 모으는 경우도 있지만 그렇게 모은 부는 오래 갈 수가 없단다. **크게 베풀면 크게 주어지고 작게 베풀면 작게 주어지는 것이 부의 법칙이란다.**

나: 하하, 베풀수록 주어진다고요?

토정: 재화가 있다면 그것이 쓰여 지는 것을 원할 것이다.

그런데 한 사람은 그것을 혼자만 쓰려고 하고, 다른 사람은 그것을 최대한 나누려고 한다면, 나누려고 하는 사람에게 더 많은 재화가 주어진단다. 신기하지? 하지만 그것이 우주의 법칙이거든.

나: 그런 식으로는 생각하지 못했는데요? 저는 무조건 아끼고 절약하면 된다고 생각했어요. 특히 돈을 많이 벌지 못하는 사람들은 그렇게 밖에는 재산을 모을 수밖에 없으니까.

토정: 처음에는 자신의 생계를 위하는 것이 목적이 될 수는 있지 하지만 **자신이 감당할 수 없을 정도로 돈을 가지고 있다간 돈의 기운에 치여서 건강이 나빠진다거나 사고를 겪을 수 있다.**

나의 경우는 내 몫을 챙길 생각은 없었고 오로지 나눔만 생각했단다. 이 경지에서는 '이타적이다'라던가 혹은 '선한의 도'라는 것을 뛰어넘었다. 오로지 어떻게 살릴 수 있을까만 생각했고 그것에 미쳐있었으니까, '누군가를 구한다'라고 의식하지 않았지. 무심으로 한 것이지.

나: 저로서는 도무지 그 경지가 어려운 것 같아요. 나 한 몸 구제하기도 힘든데 어떻게 타인을 구제할 생각을 할 수 있나요?

토정: **나는 돈을 크게 잃어도 보고 또 벌어도 보고 하면서 돈에 대해서는 간이 부었지.** 잃어도 그만 벌어도 그만 이렇

게 말이다. 돈을 벌기 위해서는 집중해야 한단다. 진심으로 돈을 벌고 싶다고 생각하고 집중하면 방법이 떠오르고 그것을 실천해야 돈을 벌 수 있다. 기운이나 돈이나 마찬가지다. 사용할 수 있는 사람에게 모인단다. 어디 한 번 연습을 해 보아라.

'돈을 벌기 위해서는 집중해야 한단다.'

나: 그것하고 비슷하네요? '끌어당김의 법칙'이라고 원하는 것을 구체적으로 상상하고 끌어오는 연습을 하면 실제로 눈앞에 나타난다고요.

토정: 비슷하다. 살면서 허둥지둥 소비하는 시간이 많지 않으냐? 그 시간에 내가 원하는 것에 집중해 보면 어떨까? 정신을 집중시키는 것이지.

나: 그러고 보니 우리들은 돈을 어떻게 벌어야 하는지에 대해서는 가르치면서 어떻게 써야하는지에 대해서는 잘 모르는 것 같아요. 토정 선생은 번 돈을 타인을 위해 쓰셨죠. 원래 돈은 남을 위해 쓰는 것인가요?

2. 돈은 쓰는 공부가 반, 버는 공부가 반

토정: 돈은 쓰는 공부가 반 버는 공부가 반이지. 내가 말하는 돈에 대한 공부는 **돈에 대해서 벗어나는 공부를 말한다.** 열심히 돈을 벌었어도 쓸 때에는 모르는 사람이 다가와서

돈을 달라고 해도 그냥 줄 수 있어야 한다. 그리고 벌고 싶을 때는 또 벌 수 있어야 하지. 자유자재로 버는 것과 쓰는 것이 될 때 비로소 돈에 대해서 벗어났다고 할 수 있지.

나: 그렇군요. 그런데 저 같은 사람은 돈을 많이 벌고 또 쓰고 그렇게 벗어나는 공부보다는 내가 살 수 있을 만큼 적당히 벌고, 남으면 주변 사람들 조금 도와줄 정도만 있어도 좋겠어요. 내가 감당이 안 되는 데 너무 많이 가지는 것도 안 좋고, 너무 적으니 또 삶이 팍팍해지는 것을 느낍니다.

토정: 그래, 모두가 돈에 대한 공부를 그렇게 해야 하는 것은 아니란다. 다만, 사업을 할 정도의 능력이 되는 사람들은 돈에 대해 관계정립을 새롭게 할 필요가 있단다. 만약에 별다른 노력을 하지 않았음에도 불로소득이 생겼다고 했을 때, 번 돈의 대부분을 다른 곳으로 되돌리고 일부만을 취한다고 한다면 하늘은 내버려두지만 반대의 마음을 가지면, 그 일이 방해되는 것을 느낄 것이다.

나: 그렇군요. 돈을 벌 때의 마음가짐은 알겠습니다. 이제는 쓰는 법이 남았는데요. 돈을 쓸 때 어떻게 쓰는 것이 가장 좋을까요? 기부를 하는 사람도 있고, 주변 친구들에게 베푸는 경우도 있고 다양한데 말이지요.

토정: 둘 다 좋은 방법이란다. 줄 때에는 베푼다는 생각도 없이 하는 것이 좋단다. 그리고 존재감 없이 돈을 쓰는 것이 돈을 잘 쓰는 법이지. 누가 돈을 썼는지 모르게 돈을 쓰는

법, 예를 들어 친구들과 만났는데 내가 교통비를 내고, 밥값을 내고 그렇게 슬쩍 내는 식으로 돈을 쓴다면 항상 내가 쓴 만큼의 돈은 다시 돌아온단다. 하하, 이런 것도 생각하지 말라고 했는데 알려주면 안 되는데. 잘하려고 하는 의식도 없이 그냥 빈 마음으로 해 주면 된다.

나: 그렇군요. 그런데 저는 누군가에게 줄 때 내가 무엇을 주었다하고 생각을 하는 것 같습니다. 남한테 받은 것은 잘 생각이 안 나면서 준 것은 왜 그리 잘 떠오를까요? 하하, 부끄럽습니다.

토정: 그것은 네 마음에 여유가 없어서일 수도 있고, 자주 안 베풀었기에 기억하는 것일 수도 있고, 특정인에게만 베풀어서 일수도 있다. 그냥 지나가듯이 툭, 하고 주는 연습을 하면 그런 생각도 없이 가볍게 할 수 있다.

나: 가볍게 베푼다는 생각도 없이 주는 것이 비결이군요. 토정 선생은 '사업가'시기도 했잖아요. 단순히 스스로의 능력만으로 각종 사업을 성공시킬 수 있었던 건지요?

3. 사업성공은 '인간관계'가 핵심이다

토정: 하하, 그건 아니지. 이름 모를 스승이 있었고, 고비마다 나를 도와주는 손길을 느꼈단다. 사업이라는 것은 대부분 일보다는 인간관계라는 것은 알고 있겠지. **어떻게 인간관계를 잘 풀어갈 수 있는지가 사업성공의 유무를 결정한단다.**

나 같은 경우는 옆에서 봤을 때 미쳐있었다고 하지 않았느냐? 어떻게든 배고픈 백성들을 먹여주고 싶은 아비와 같은 심정으로 일을 했으니, 그 진심이 닿아서 사람들이 자기도 모르게 소중한 정보를 알려준 적이 많이 있단다.

나: 아까 돈은 기운이라고 하셨는데요? 그렇다면 돈은 흘러야 하는 건지요?

토정: 그렇지. 돈은 어딘가에 고여 있는 것을 싫어한단다. 이 주머니에서 저주머니로 옮겨가는 것이 돈의 생명력이지. **돈을 흐르게 해야 하네. 그래야만 돈이 또 들어오는 것이지.**

돈을 안 쓰면 돈이 들어오지도 않네. 우리가 돈에 대해서는 잘못된 관념이 있는데, 돈 자체는 선도 아니고 악도 아니네. 돈은 하나의 도구일 뿐이야. 내가 돈을 이용해서 사람들을 살리고 또 투자에서 더 많은 일을 창출하고 그것으로 많은 사람들이 살아갈 수 있다면 그것만큼 돈으로 태어나 보람을 가지는 것도 없을 것이네.

우주의 법칙은 순환한다는 거야. 많이 베풀면 많이 돌아오는 것이 이치란다. 이번 생에도 받을 것을 생각하지 않는다면, 다음 생이라도 받을 것이고, 다음 생에 받지 않을 생각이라면 죽은 뒤 영혼의 세계에서라도 받을 것이네.

나: 네? 정말요?

토정: 하하, 우습게 들릴지 모르겠지만 정말 그렇네. 우주의 특징이 빚지는 것을 아주 싫어하거든.

4. 돈을 빌려줄 때의 마음은

나: 돈에 관한 이야기를 하다 보니 이런 의문이 들어요. 보통 누군가에게 돈을 빌려주고 떼인 이야기를 듣거든요. 참 친한 사람이 빌려달라고 하면 안 빌려줄 수도 없고, 돈을 빌려줄 때의 마음은 어때야 할까요? 안 빌려주자니 미안하고 빌려주자니 못 받을 까봐 두렵고.

토정: 기본적으로 돈을 빌려줄 때의 마음은 내가 돈을 줘도 '괜찮다'는 마음이 들 때 빌려줘야 한다. 그러니까 그 돈을 꼭 '돌려받지 않아도 좋다'라는 마음이어야 한다.

돈에 대해서는 없으면 없다고 얘기하고 있는데 빌려주기 싫다면 이유를 얘기 해 주면 된다.

나: 이유를 얘기해 주라고요? 과연 상대가 이해를 해 줄까요?

토정: 이야기는 해 주어야지. 믿음이 안 가는 상대에게 돈을 빌려주어 상처를 입는 것보다는 미리 돈을 줄 수 없다고 얘기하고 상대의 반응을 보며 어떻게 보면 사람을 파악하는 과정이라고 생각하고, 관계를 끊는 것이 낫다.

나: 그럼에도 불구하고 돈을 떼인다면 어떻게 해야 합니까? 너무 속상할 것 같은데요. 누구에게나 돈은 피 같은 돈 아닙니까?

토정: 내가 만약 누군가에게 돈을 빌려줬는데 그 사람이 갚지 않았다. 그러면 두 가지 이유가 있네.

첫째, 그 경험으로 자네가 배울 것이 있어서이네. 이런 경우에는 수업료를 크게 냈다고 보면 되네. 두 번째는 그 사람과 전생에 청산하지 못한 업이 남아서이네.

나: 전생까지는 생각해보지 못했습니다만.

토정: '내가 전생에 돈을 안 갚은 적이 있구나.' '내가 돈 공부가 필요한 시점이구나' 이렇게 생각하면 된다.

나: 쉽지는 않을 것 같아요. 내가 전생에 돈을 안 갚았는지는 확인할 길이 없고, 안 그래도 힘든데 돈 공부를 해야 한다니요!

토정: 당연히 어렵지. 내가 말한 것은 보통 사람들에게 하는 말이라기보다는 수행자의 태도를 가지고 살아가는 사람들에게 하는 말이다. 일단은 그런 태도를 지녀야, 돈에 대한 공부를 마무리 할 수 있네. 그런 다음 보상으로 오는 것은 돈에 대해 많든 적든 끄달리게 되지 않는 것이지.

나: 보상이 겨우 그건가요? 저는 좀 더 큰 것을 기대했는데요.

토정: 내 영혼이 어딘가에서 '대자유'를 얻는 다는 것은, 이를 테면 돈에 대해서 해방되었다. 그렇다면 너는 돈의 에너지보다 크게 되어버려. 스케일이 다르지. 있으면 있는 대로 없으면 없는 대로 살아가는 걸세, 그런 경지가 바로 수련의 결과로 얻어지는 것이지. 사실 물질이라는 것은 정신에 예속되는 것으로 도구에 불과한 것이란다. 자본주의 시대에 들어 물질중심주의 사상이 퍼졌지만 예전에는 이렇게 과도하게 추구하지는 않았네. 아직 예의범절, 체면, 도덕 이런 것들이 저절로 사회악을 없애는 역할을 했기 때문이지.

5. 투자를 할 때에는

나: 혹시 이런 것도 조언을 해 주실 수 있는지요? 많은 사람들이 주식을 하고 있습니다. 월급만으로 재산을 쌓는 것이 어려우니까 돈을 빌리거나 애써 모은 돈을 긁어모아서 투자를 하는 경우를 많이 봤습니다. 그 유혹이 상당한데요, 주식에 투자하는 마음은 어때야 할까요?

토정: 투자를 했다가 손해를 보면 건강까지 해치게 되면서 이만저만 신경 쓰이는 것이 아니지. 맞붙어서 해결 할 것인가? 아니면 포기하고 잊어버리고 살 것인가?

돈에 대한 문제는 쉽게 잊을 수가 없네. 더군다나 주식 같은 것으로 잃어버린 돈이라면 원금생각이 나겠지. 그래서 투자를 할 때에는 버리는 마음이어야 한다. 그냥 쓰레기를 버리듯이 이 돈은 없어도 좋다! 이렇게 말이다. 그러니까 내가 생각했을 때 없어도 되는 액수만큼 투자하는 것이 옳다.

사람들은 투자를 해서 이익을 남기는 것만 생각을 하는데 실제로는 그렇지 않은 경우가 더 많은 것이다. 항상 없어져도 좋다고 싶을 만큼만 투자하고, 투자한 뒤에는 잊어버리는 것, 이 원칙을 지키거라. 하지만 잃기만 하라는 법도 없네.

겨울일 때는 겨울만 있는 것 같지만 곧 봄이 오지 않는가. 여름일 때는 너무너무 덥지만 또 가을이 오는 것처럼, 일보 전진을 위해서 이보 정도 후퇴를 한다고 생각하면 되네. 1년에 4계절이 오듯, 변화는 올 것이고 기회도 올 것이네. 문제는 인내심이지.

6. 돈을 벌려면 안목을 키워야 해

돈을 벌려면 안목을 키워야 하는데 그렇게 하려면 세상공부를 해야 한다. 내가 여러 가지 사업을 기획할 수 있었던 것도 발로 부지런히 뛰어다님 이 사람, 저 사람에게 질문을 하고 공부를 했기 때문이지. 돈을 번다는 것은 세상 공부를 해내는 것인데 그것이 단숨에 이뤄지는 것이 아니지.

신문을 읽고, 뉴스를 보고, 여러 가지 책도 읽어야 하며 시대의 흐름도 눈치를 채고 있어야 하네.

가장 단순하고 손쉬운 방법으로는 동네의 시장에 나가보게. 시장에 나가서 하루 종일 앉아 있어 보면 사람들이 원하는 것이 무엇인지가 보일 것이네. 이 시장에서는 이런 물건이, 저 시장에서는 저런 물건이 지역마다 연령대마다 원하는 것이 다르고 잘 팔리는 물건이 다른 것이 눈에 확 들어 올 걸세. 그러다보면 무슨 물건을 만들어서 팔 것인가에 대한 생각이 떠오를 거야. 같은 것이라도 어디에서 파는지, 누구를 대상으로 파는지에 따라 결과가 달라지는 것이네.

나: 원리는 알겠는데 막상 하려니 막막하기도 하고, 어떻게 나를 홍보해야 할지도 모르겠고요.

7. 사업을 하려면 나를 홍보하는 것이 반

토정: 질문에 답이 있네 벌써. **나를 홍보하는 것이 장사의 절반이라고 하면 믿을 수 있을까?** 내가 장사로 돈을 벌겠다고 결심했다면 내가 하나의 상품(brand)이 되어야 하네. 내가 하나의 상표가 되어야 한다는 것이지. 이지함, 이렇게 말하면 벌써 마포에 사는 수선水仙이라는 인식이 널리 퍼졌지. 내가 그 호를 만들어서 스스로에게 선물한 것이지. 이렇게 스스로를 인물로 만들고 호감 있게 만들고 스스로를 띄워야 해. 유명인들이 입고 먹는 것이 잘 팔리는 이유를 알겠지?

나: 하하, 내성적인 성격의 사람들은 좀 어려울 것 같기도 해요. 이것도 배부른 소리라고 하실 테지만. 이것은 어떤 경

우인가요? 지인들 중에 의욕적으로 사업을 시작했지만 실패하는 경우를 봤어요. 전에도 경험이 있어 성공할 수 있을 거라고 했지만 적자상황을 넘기지 못하고 결국은 빚더미에 올랐다고요.

토정: 실패하는 큰 이유는 세상을 만만하게 보아서라고 할 수 있네. 경험이 많고 노련한 사람들은 함부로 일을 크게 벌이지는 않지. 한 두 개 정도의 소재만을 가지고 작게 시작하지. 처음에 작게 시작해서 어느 정도 일에 대한 감을 익히고 자신감이 붙으면 그때부터 차츰 확장을 하면 되네.

거북이걸음으로 가는 것 같지만 오히려 빠른 방법일 수 있네. 사업은 돈벼락이 떨어지길 바라는 마음으로 하기 보다는 오히려 베푼다는 마음으로, 사람들에게 즐거움을 선사한다는 마음으로 해야 빠른 것이지. 실제로 성공하는 사람들을 보면, 그런 마음으로 일을 하는 경우를 더욱 많이 볼 걸세. 그래야 길게 갈 수 있는 것이고. 단기간에 이익을 보기를 바라고 사업을 시작했다간 생각보다 이익이 없음에 좌절감이 더욱 클 걸세. 사람을 돈으로 보지 말고, 즐거움을 준다. 내가 즐거움을 준다. 이런 태도로 일을 해야 하네. 사람들은 그런 것들을 다 느끼니까.

나: 흠, 그러고 보면 동네 미용실에 사람들이 제일 많이 몰리는데 그게 단순히 머리를 만지려고 가는 것은 아닌 것 같아요. 동네 사랑방 같은 역할을 했다고 할까요? 고민을 털어놓기도 하고, 놀러가기도 하고, 사람들 만나러 가기도 하고,

그렇게 이런 저런 목적이 있어서 이니까요. 미용실 주인이 손님이 아닌 사람도 오는 것을 꺼려하고, 서비스정신이 없었으면 과연 그곳에 사람이 모였을까? 하는 생각이 들어요.

토정: 바로 그거야. 동네 '사랑방'같은 역할. 그런 것을 할 수 있는 가게라면 불황에도 호황일걸세.

8. 크게 베풀기 전에, 주변에 소소하게 베풀 수 있어야

나: 돈 버는 방법에 대해서 마지막으로 해주실 말씀은 없으신지요?

토정: 나는 내가 어떤 심정으로 사업을 했는지 알려줄 수 있네. 돈을 버는 것도 어떻게 보면 도를 행하는 수단으로 생각했지. 그래서 사업을 통해 많은 공부를 할 수 있었다네. 나 같은 경우는 개인을 위해 돈을 번다는 생각은 전혀 하지 않았네. 누구나 나처럼 할 수는 없다고 생각하네. 다만, 그저 이익을 내기 위해 사업을 하고자 하는 사람들이 아닌, 어떤 베풂을 실천하려는 마음이 있는 사람은 '어떻게 돈을 벌 것인가'에 대한 약간의 지침이라고 보면 좋을 걸세.

돈을 크게 벌어서 '기부 하겠다'라는 생각은 좋은 의도이지만 **벌어서 베풀기 전에 주위에 소소하게 베푸는 것이 먼저이네.** 좋은 마음을 주변인들에게 전하는 것이 진정한 공덕이야. 정신의 힘은 보이지는 않지만 우리가 생각하는 것 보다 훨씬 강력하지. 내가 사업을 함으로써 주변인들을 먹여 살리고 주변인들이 행복해지고 이런 보시하는 마음이어야 사업을 할 때 지치지 않지 내 것이라는 생각 직원들을 하인으로 여기고 내 마음대로 해야 된다는 생각만 해서는 네가 경영하는 사업은 조그마한 구멍가게 수준에서 벗어나지 못할 것이네. 생각하는 만큼 주어지는 것이니까.

마음의 크기가 그릇의 크기라는 것을 잊지 말게. 덕의 크기만큼 사업은 커질걸세. 착한 일을 한다고 해서 늘 복이 오는 것도 아니고 세상 공부인 만큼 크게 잃어보기도 하고, 배신을 당하기도 하고 여러 일이 있을 걸세. 그때마다 초심으로 돌아가서, 내가 왜 이 일을 시작하려고 했는지, 그리고 내가 이 사업을 시작하기 전 보다 현재, 가진 것이 더 많은지 잃은 것이 더 많은지를 생각해 본다면, 초심으로 돌아오는 것은 어렵지는 않을 걸세.

사업이라는 것은 말하자면 세상공부이고 돈의 흐름을 파악하는 공부이고 그 만큼 자신의 기운이 커야 감당할 수 있는 업이며 이익을 남기는 것 보다는 '세상에 좋은 것을 더 하겠다'라는 마음으로 해야지 마음이 편할 걸세. 사실 사업은 힘들여 일한 것 보다 보상이 적은 일인 것 같기도 하다가도 뜻하지 않은 곳에서 보상이 일어나기도 하는 보통 사람의 배포로는 할 수 없는 것이 사업이기도 하지.

하지만 분명, 사업을 통해 베푸는 것이 생의 소명인 사람이 있네. 이런 사람들은 단순히 자기 자신만을 위하는 수준에서 사업을 하는 것이 아니라, 내가 그랬던 것처럼 '중생구제'

라는 차원에서 해야 하는 사람들이지.

내가 하는 이야기는 보통사람들에게 하는 이야기는 아니네. 보통사람들이 사업을 한나고 했을 때, 이런 것들을 감당할 수 있을지 모르겠네. 하지만 이 글을 읽고 내가 돈을 벌고자 한다면, 그런데 조금 방법으로 돈을 벌고자 하는 사람이 있다면 도움이 될 걸세.

돈을 많이 벌지는 못해도 착하게 벌어서 착하게 쓴다면 그 것이 계기가 되어 더욱 크게 벌고 또 크게 나누면 돈은 하는 것이라 쓴 만큼 또 벌릴 것이네.

하지만 좋은 의도로 돈을 번다고 해서 처음부터 하늘의 도움을 기대해서는 안 되네. 어떤 일을 하는 것은 자신의 성장과 관련 있는 것이라 내가 진심으로 원해야 하며 노력해야 하는 것이지. 그렇게 하늘이 감동을 받으면 하늘이 움직이는 것이야. '진인사대천명'이라는 말이 그냥 나온 말이 아닌 것처럼 자신의 자리에서 최선을 다하는 것이 우선이란다.

어떤 마음으로 사업을 할 것인가?

토정 선생의 행적을 보면서 사업을 할 때는 어떤 마음으로 하는 것인지에 대한 것을 배운다. 사업의 목적은 물론 부를 창출하는 것이다. 그런데 그 이유가 무엇인가? 순전히 내가 잘 먹고 잘 사는 것이 목표인가 아니면 이웃과 사회에 기여하겠다는 것이 목표가 되어야 할까?

보통사람으로는 순전히 이웃과 사회에 기여하는 것이 목표가 되기는 어렵다. 하지만 장사가 잘 되는 집들의 공통점은 주인들의 표정이 밝았던 것 같다. 단순히 유행을 타고 반짝 장사가 잘 되는 집들 말고 이웃과 함께 오랫동안 옆에 있으면서 불황이건 호황이건 상관없이 손님이 끊이지 않았던 가게들을 생각하면 주인들의 표정이 밝고 친절했다는 공통점이 있었던 것 같다.

그곳에 가면 내가 뭔가 환영받는 것 같고, 나를 좋아하는 것 같고, 내가 음식을 먹어주는 것을 진심으로 기뻐하는 것을 주인의 웃음에서 느낄 수 있을 때 그 가게는 경기를 타지 않는다. (섣불리 단정 지을 수는 없겠지만)

사업을 잘 하는 사람들은 보통 사람들 보다는 물질을 끌어오는 능력이 탁월한 사람들이다. 각자 타고난 재능이 다른데, 사업을 하는 사람들은 그 능력이 좀 더 뛰어나다고 할 수 있다. 그렇다면 이러한 사람들의 소명은 무엇일까?

그것은 사업을 통해서 베푸는 것이다. 물건을 통해서 베풀고, 거기서 얻은 이익을 통해 또 베풀면서 선순환을 창조해내는 것이다. 그러면 또 다시 베푼 만큼 돌아간다.

대화를 나누기 전에는 돈이라는 것은 무조건 많이 벌수록 좋은 것이라고 생각했다. 그러나 돈이 많으면 그 만큼 신경 쓸 부분이 많아진다는 것을 느꼈다.

돈도 기운인데 그 중에서도 세속적인 기운이 강한 돈이다. 이 것을 감당할 수 없다면 내가 그 기운에 오히려 치여서 건강을 잃거나 사고를 겪기도 한다고 하니까, 돈이 많은 것이 좋은 것이 아니라는 것을 느꼈다.

돈이 많은 집들을 보면, 반드시 그에 상응하는 사건들이 일어나기 마련이다. 내가 생각하기에 돈은 적당히 있으면 좋을 것 같다. 적당히 내가 먹을 수 있고 가족들을 먹이고, 혹 여력이 된다면 주변인들을 도울 수 있을 정도로 벌면 된다고 생각한다.

귀한 것은 공짜

우리는 자연에서 공짜로 얻는 것이 많이 있어요.
공기가 없으면 죽지만
공기에 대해서는 돈을 지불하지 않지요.
물을 못 먹으면 죽는데
물에 대해 돈을 지불하지 않지요.
세금은 나라에 지불하는 것이지

자연에 돌려주는 것이 아니에요.
인간은 태어나서 산만큼 쓰레기를 쌓아놓고 죽습니다.
나를 키워준 자연에
감사한 마음을 가지고 살아야 하는 것이에요.
가장 중요한 것에 대해서는
우리는 정작 감사한 마음을 가지지 않습니다.
당연하다고 생각하지요.
베푸는 것은 내가 자연에 진 빚을
조금이나마 갚는 방법입니다.

<출처: 돈을 다스리는 지혜/도서출판수선재>

V 다음시대의 해결책, 조선에 답을 묻다

1. 물질로 치우친 현대의 시대, 근본가치를 회복하다

조선시대의 선비들은 백성이 나라의 근간이라는 데에는 이견
이 없었다. 각자 자신의 자리에서 나라를 구제할 방도를 생
각하고 실천한 것은 맞지만 토정 이지함 선생처럼 구체적으
로 백성들의 삶의 터전으로 들어가 실질적인 백성 구제 사
업을 펼친 인물은 이들 중 토정이 유일했다. 여기서 짚고 넘
어가고 싶은 것은 역사를 이해할 때에는 한 가지 기준에서
만 판단하는 것은 위험하다는 것이다.

나의 해석이기는 하지만 조선은 문文과 무武의 균형의 측면
에 있어 '문'으로 기울어 졌던 것은 사실이다. 하지만 문치
국가를 이룩했다는 것 자체는 세계사적으로 주목할 만하다.
거의 대부분 나라에서 귀족계급들은 무사출신들로 무력을 통
해 얻은 광활한 토지와 사병을 기반으로 귀족 신분을 유지
해 갔으며, 중앙의 관리가 되기 위해 과거제와 같은 능력위
주로 인재를 뽑는 제도가 발달되지 않았다. 타고난 신분이
명예와 직업을 보장해주는 사회였던 것이다.

그리고 세계 역사상 우리나라처럼 외부에서 들여온 학문을
자기 것으로 소화하여 체계적으로 정리한 경우도 드물었다.
조선의 표준을 정도전이 세우고, 조선은 사실상 훈구세력들

이 이끌어 왔다. 그러나 사림들이 훈구세력들의 독주를 반대하고 성리학이라는 학문적 토대와 뛰어난 도덕성을 바탕으로 성장하면서 몇 차례의 사화를 거친 후 사실상 조선의 새로운 지도자계층으로 떠올랐다. 선조의 즉위로 외척정치가 마감되고 사림정치의 시대가 본격적으로 열렸다는 것은 조선사회가 정치사적으로 한 단계 발전했다는 것을 알려주는 사건이었다.

'성리학'이라는 학문도 근본적으로는 백성을 구하는 학문이었다. 성리학이 추구하는 인간상은 군자정치, 군자는 수신을 완성한 후치국평천하(세상을 구제하는)를 이루어내는 인물이다. 이를 성인정치라고 일컬으며, 성인정치는 중국에서 온 개념이 아니라 본디 우리나라의 근본적인 정치사상이다. 군자정치 혹은 성인정치의 뿌리는 단군왕검에서 찾아볼 수 있다. 동이족의 정치철학이 중국에 전해져 노자, 공자 등에 의해 문자로 체계화 되면서 역으로 우리나라에 수입되긴 했지만 고조선 이래 우리나라의 지도자 정치사상은 기본적으로 군자정치를 내세웠다. (적어도 이론상으로는 ^^)

균형의 관점에서 바라보았을 때 조선의 성리학자들은 지나치게 '문리'에 치우친 사람들이라고 할 수 있다. 그러나 오늘날의 관점으로 민생을 책임지지 않고, 나라를 가난하게 만든 주인공이라고 치부하는 것도 그들의 입장에서는 억울할 수 있다. 이 세상은 겉으로 보기에는 보이는 것들이 우리를 직접적으로 움직여 나가는 것 같지만 정신적 영역의 자산이 풍부한 것이 알게 모르게 사람들의 삶과 정신에 영향을 끼치기 때문이다. 조선이라는 나라가 태어나고 500년의 세월을 지속할 수 있었던 힘에는 이렇게 정신유산이 우리문화 저변에 면면히 흘렀기 때문이다.

물질적으로는 풍요로우나 그것을 뒷받침하는 정신이 없다면 삶은 황량하기가 그지없다. 물질을 소비하고 그 끝에 남는 감정은 허무함이기 때문이다. 현 시대의 문제점이 이것이다. 물질적으로는 역사 이래 최대의 풍요로움을 누리고 있지만 시대를 뒷받침 하는 정신은 빈곤하기 그지없다. 물질적으로는 가난했을지라도 조선 사람들은 현대인들보다 보다 풍부하고 넓은 정신세계를 지녔다. 우리는 조선시대의 신분제와 성리학자들을 보며 비판을 하기 전에, 우리에게는 그들이 가졌던 역사의식, 공동체 의식, 오행을 기반으로 한 세계관과 같은 정신유산이 일상에 살아있는지 자문해보아야 한다.

균형이 중요하다고 했다. 현 시대의 모자란 점을 외부에서 찾을 것이 아니라, 본디 우리가 가졌던 정신유산의 뿌리를 찾는 공부를 통해 현대에 복원을 할 수 있기를 간절히 바란다. 어렵지 않다. 왜냐하면 우리의 유전자에는 조상들로부터 내려온 지혜가 여전히 살아 숨쉬기 때문이다. 자각을 하고 있지 못할 뿐이다. 조선시대에는 균형을 추구하기 위해 토정 이지함 같은 존재가 절실했지만 현대에는 거꾸로 성리학자와 같이 근본을 추구하는 사람들이 늘어나야 한다.

그래서 물질로만 치우친 현 세계의 빈곤함을 정신적인 가치가 지지해주고 그것을 사람들이 이어받을 수 있을 때 다음

세대를 기약할 수 있는 희망을 꿈꾸어볼 수 있다. 시대마다 시대의 병증을 치료하는 처방이 다르다. **소비와 경쟁으로만 치닫는 현대의 병증을 고치기 위해서는 옛 선비들의 지혜와 공동체 정신을 회복하여야 한다.**

조선시대 선비들이 가졌던 높은 도덕성과 역사의식이 필요하다. 역사의식은 그 동안 한국이 어떤 과정을 거쳐 현재에 이르렀는지를 아는 것이고 더불어 현 시점을 살아가는 우리들은 미래세대에 대한 책임이 있음을 인지하는 것이다. 인간의 삶과 마찬가지로 역사라는 것도 생성과 소멸의 과정을 거치며 순환하는 것이다. 나 혼자만으로 끝나는 것이 아니라 나 이전에 이 땅을 살아갔던 수많은 사람들이 있었으며, 나 이후에도 그러하다는 것을 아는 것이다. 그것을 인지하며 살아가는 것과 아닌 것은 삶을 대하는 태도에 있어 큰 차이가 있다.

철학의 부재, 정신의 빈곤을 시대를 살아가는 우리들은 겉으로는 풍요로운 삶을 살고 있는지 몰라도, 안으로는 곪아 문드러져가고 있는 것이 현실이다. 고전으로 돌아가 고전의 지혜의 샘물을 퍼 올려야 한다. 고리타분한 것이 아니다. **고전에는 수천 년의 세월을 견뎌낸 지혜가 있다.**

2. 물질만 있는 삶, 공허함

물질을 추구하고 욕망을 추구할수록 정신은 빈곤해질 수밖에 없다. 그 허전함을 채우기 위해 무언가에 중독된 경우가 많다. 당장 잠시 멈추고 내 삶을 돌아보면, 내가 현재 열중하고 있는 것, 그것이 내 마음이 향하는 곳이다. 끊임없이 쇼핑을 한다거나, 여행을 한다거나, 과하게 운동을 하다거나, 음식을 먹는다거나, 이 모든 행위들이 지나치게 될 때 우리는 중독되어 있다고 한다. 공허함을 채울 수 있는 방법은 삶의 방향을 틀어야만 가능하다.

진리를 탐구하고 그것을 체득하는 기쁨을 터득하지 않으면 공허함은 죽는 그 순간까지 계속될 것이다. 내가 욕망하는 것을 피나는 노력 끝에 성취하였어도 인정욕구나 명예욕이 원인이 되어 성취한 결과라면, 나는 스스로 서지 못한 상태이다. 나의 존재를 인정받기 위하여 끊임없이 타자를 원하는 것이기 때문이다. 진리를 탐구하고, 그 지식을 상대와 나누고, 가진 것을 순환시키지 않는 이상 인간은 허무한 감정을 극복하기가 어려울 것이다.

왜냐하면 삶 자체는 흘러가는 것이고 순환하는 것이지 무엇을 성취하고 쟁취하는 것이 아니기 때문이다. 선인들이 늘 하는 이야기, 삶은 과정이다. 과정을 즐겨라. 결국은 무엇을 성취하는 것보다는 살아가는 것 자체가 목적이다.

3. 공유경제를 창조하라!
함께 모여서 얘기하면 새로운 사업이 만들어진다.

사람이 살아가는 데에 일은 꼭 필요하다. 이전에는 평생직장이라는 개념, 가정을 꾸리고, 자식을 낳아 기르는 것이 보편적인 삶의 방식이었지만 경제상황에 변화가 생기고, 모든 사람이 한 가지 기준으로만 살아갈 수 없다는 것을 알았다. 의식이 성장하면서 사람들은 의미와 가치를 찾기 시작했고, 현재의 대한민국은 다양성의 사회로 넘어가기 전, 모색하는 단계에 이른 것으로 보인다.

부를 축적하는 이유가 무엇인지 근본적으로 생각해보자. 돈이 나를 자유롭게 해줄 것이라고 믿기 때문이다. 돈이 있으면 보다 여유로운 삶이 가능하다고 생각한다. 더불어, 자식세대들에게 부를 물려주고 싶어 한다. 창조성은 결핍에서 비롯된다. 감당하지 못할 정도의 부를 자식에게 물려주면 그것은 자식을 망치는 길이다. 사람이 살아가는 동력은 무엇을 성취하고자 하는 힘에서 비롯된다. 모든 것이 미리 주어진 삶 속에서 그는 생명력을 가지고 힘차게 인생의 거친 파도를 마주할 수 있을까?

인간은 원래 야생이다. 야생의 특징은 죽는 그 순간까지 진한 생명력이 살아있다는 것이다. **생명력은 곧 움직임이다.** 움직임을 잃는 순간 인간은 정체되고, 삶의 의지를 점점 상실한다. '부'는 축적하는 것이 아니라 나누어야 하는 것이고, 그렇게 할 때 전체의 '부'와 '가치'는 증식되는 것이다. '부'를 쌓아두고 축적해둔다면 '돈'의 속성에 어긋나는 것이라 결국은 부패하고 못쓰게 된다.

앞으로의 시대는 당장 생존을 위해서라도 나누고 공유하는 경제를 향해 나아가야 한다. 내가 가지고 있는 자본을 새로운 일자리와 공유경제를 창조하는 데 투자해야 하는 이유는 자신을 위해서이다. 인간은 '연결'에 대한 본능적인 욕구가 있다. 젊은 시절에는 가족의 생존을 위해서라도 돈을 벌고, 집을 사고, 세월이 흐르면서 사회에서 자신의 입시도 다지게 되었다면 이제는 자식들이 독립하고, 은퇴를 한 후에 어떠한 삶을 살 것인가? 내가 먹고 살 것을 충분히 갖추고 난 뒤에는 나눔을 실천해야 한다. 일방적인 나눔을 실천하라는 의미가 아니라, 자신이 좋아하는 일이나 의미 있다고 생각하는 일에 투자를 하라는 뜻이다.

사람과 사람을 이어주고 만나면서 내가 배우는 것이다. 그리고 인간은 내적으로 선을 베풀고자 하는 본성이 있다. 나로 인해 누군가가 새로운 인생을 살고, 새로운 일을 시도할 수 있는 장을 열어갈 수 있다면, 여러분은 돈을 버는 것이 목적이었을 뿐인 노동을 했을 때와는 비교할 수 없는 충만감을 느낄 수 있을 것이다. 앞으로 시대는 나눔과 공유경제체제로 나아가지 않으면 더 이상 발전가능성이 없다.

이것은 가치를 위해 희생하는 것이 아니라 다음시대에 나의 자리를 선점하는 것이다. 현재의 체제는 각 분야가 포화상태에 이르렀고, 이 체제에서 적응하지 못한 사람들은 스스로를 낙오자라고 여기고 스스로를 사회로부터 고립시키고 있다. 새로운 흐름을 원하고 있는 사람들이 늘고 있다. 이런 때일수록 철학을 공부하고 삶의 가치를 창출해내는 일이 필요하다.

사람은 기본 생존이 보장되면 창의적인 일을 하고 싶어 한다. 이것은 본능이다. 현 세대들은 물질적인 형태를 갖춘 소비재만을 소비한 세대가 아니라 디지털 콘텐츠나 미디어 콘텐츠를 소비하며 자란 세대이다. 이 세대들의 특징은 기존 규범에 얽매이는 것을 익숙해하지 않고 경험을 중요시 하는 특징을 지녔다. 여행 '유튜버'들이 현 시대의 아이콘으로 떠오르는 것도 각종 경험을 간접적이나마 가능하게 해 주기 때문이다. 그리고 다들 마음속으로는 떠나고 싶은 욕구를 반영한다고도 할 수 있다.

이전 세대와 다른 점이라면 재물을 쌓는 것 보다는 경험을 중요시 하고, 집과 소비재보다는 무형의 콘텐츠에 열광하는 세대라면 함께 모여서 여러 가지 의견을 교환하고, 그 과정에서 태어나는 새로운 생각들이 있을 것이다. 이런 것들을 함께 실현해 나가는 경제활동을 창출해 보면 어떨까?

사람들의 교류 속에 할 일이 생기고, 그때마다 처리해야 할 일이 생기면서 또 다른 일을 창출하고 그 속에서 우정과 사랑을 배우고 철학을 공부하고 자연과 연결되길 원하며 과거와도 소통할 수 있게 된다. 앞으로 인간이 가져야 할 중요한 능력은 더 이상 많은 지식을 빠른 시간에 습득할 수 있는가가 아니라, 인간과 인간관계를 이어줄 수 있는 소통능력, 공감능력, 유연성, 포용력 일 것이다.

4. 취미가 일이 되다

승자가 독식하는 경쟁구조의 흐름을 바꾸기 위해서는 서로 연대하여 삶의 새로운 방향을 모색하고, 일이 곧 생활이고 취미가 곧 생활인 삶으로 변주하면서 이전에는 사회이동이라는 것은 아래에서 위, 위에서의 아래로의 폭 좁은 변화만을 경험했다면 연대를 하게 되면서 무한히 이동이 가능하다. 삶의 지표면이 훨씬 넓어지는 것이다.

인간이 가장 인간다울 수 있는 길을 열어가는 것이 다음시대를 살아갈 수 있는 조건이다. 이번 생은 망한 것 같다? 축하한다. 어차피 잃을 것 없다면 새로운 분야에 도전해볼 차례이다. 또 망했다? 그래도 괜찮다. 기본적인 생존은 아르바이트로 버티면서 내가 하고 싶은 일을 해라. 내가 그 길의 선구자가 되는 것이고 개척자가 되는 것이다.

그리고 친구를 찾아라. 친구를 찾아서 함께 간다면, 그 길은 외롭지 않을 것이다. 학창시절이나 회사에서 경험해 보지 못했던 연대한다는 것의 경험을 찐~~하게 할 것이다. 그리고 보장되는 것은 나의 성장이다. 이전과는 비교할 수 없이 인간적으로 폭넓은 시야와 통찰력, 그리고 자유를 경험할 것이다.

5. 성장에 대한 인식 변화 - 양적변화에서 질적 변화로

현 시대에 필요한 것은 성장에 대한 인식의 변화이다. 이제까지는 성장이라고 하면 경기지표가 나타내는 수치상의 경제성장이었다. 많이 생산하고, 많이 수출하면 경기가 좋아지고 그렇지 못할 경우에는 경기가 나쁘다고 한다. 국가재정을 늘리고 금리를 낮추면 경기가 살아나긴 하겠지만 장기적인 부양책이 될 수는 없다. 언젠가는 그 부담을 국민들이 고스란히 짊어져야하기 때문이다.

부의 증식, 소비의 증식이 성장이라는 생각에서 벗어나 새로운 시대에 대한 징조를 알아차리자. 현 세대들을 비판하는 이유로는 - 조직에 충성하지 않고 일을 열심히 하지 않는다. 그리고 개인주의적이다. 공동체의 이익보다는 개인의 이익을 우선시한다. - 가 그것이다. 하지만 어떤 흐름이건 순전히 부정적인 것만, 또는 긍정적인 것만 있는 것은 아니다. 그 흐름 속에 새로운 가치관이 생기는 것이고 이전 시대의 기준으로 보았을 때 이상한 것이지 새로운 시대의 관점에서 바라보면 자연스러운 변화양상인 것이다.

이전처럼 거대한 조직에 들어가 하나의 구성원으로 활동하는 것에 흥미를 느끼지 못하는 대신 스스로가 창조하고 자신의 개성을 드러내 보이는 활동에는 훨씬 흥미를 느끼고 주체적으로 일할 가능성이 높다. 누군가 정해준 틀 속에서 자신의 역할을 찾는 것 보다 스스로 가치를 창조해내는 활동에 흥미를 보이는 것이다. 서로 살아온 시대가 다른 데 기존의 가치관에 기대어 현 세대들을 비판하는 것은 더 나은 시대로 나아가는데 도움이 되지 않는다. 그리고 현 시대를 만든 것은 또한 기성세대들이 아닌가.

즉, 남들이 보았을 때 (자신의 내면의 충만감과는 상관없이) 성공한 삶이 목표였던 시대에서, (남의 시선과는 상관없이) 내면의 충만감을 목표로 하는 시대로 변화한다면, 그것은 성장의 질적 발전을 이룬 셈이다. 이제는 성장을 단순히 경제적인 지표나 각종 수치로 말할 수 있는 시대가 아니다.

사회가 복잡해지고 다양한 계층들이 생겨나면서 하나의 기준으로 사회를 통합할 수도 없고 한 가지 기준으로만 판단할 수 없는 시대이다. 핵가족이 붕괴하고 가족주의가 해체하면서 1인 가구가 늘어나고 있고, 인구가 급감하고 있으며, 사회적 고립화현상이 가속화되고 있는 **지금, 필요한 것은 '우정의 철학'**이다.

가족이 해체한 대신 이전에는 혈연만을 가족으로 생각하고 가족이라는 테두리 안에서만 모든 활동이 이루어지던 것에서 혈연을 넘어 내가 접속하는 상대를 형제애로 대하는 자세, 고향을 잃어버렸지만 내가 두 발을 딛고 선 그 자리를 고향이라고 생각하는 마음, 부를 쌓거나 소비하는 문화패턴에서 벗어나, 손으로 만들고 스스로 직접 작물을 키우는 아날로그적인 생활방식, 다양한 세대 간의 소통 이런 것들에 대한 가치가 무엇보다 대두되는 시대이다.

빠르고 효율적인 경제성장을 이루어야 했던 시절에는 수직적 질서가 중요했지만 점점 수평적 연대가 중요해지는 시대가 올 것이다. 개개인의 다양한 생각과 가치가 존중받고, 적게 소비하고 정신적이고 문화적인 삶 속에서 스스로를 긍정하는 아름다운 시대에 걸 맞는 가치이다.

6. 내 안의 영적 창조성 깨우기

나: 그 시대에 영국보다 200년이나 앞선 국부론이라는 개념을 생각해내셨고, 다양한 민생 구제책, 그리고 누구도 생각해 보지 못했던 백성 구제 사업을 실천하신 것을 보면 생각의 범위가 넓고 깊은 것도 그렇지만 굉장히 독창적이었다는 생각도 듭니다. 그 시절에 어떻게 그런 생각을 하고 실천할 수 있었는지 궁금합니다.

토정: 새로운 생각을 하려면 열려있어야 하지. 생각을 어떤 틀에 고정시킨다면 그 틀 속에서만 갇힌 사고를 할 수 밖에 없다. 원래 타고난 기질도 어딘가에 매여 있는 것을 좋아하지는 않았지만 전국을 돌아다니고 다양한 사람들의 사고방식, 삶의 형태, 자연환경의 다양함, 수시로 변화하는 날씨나 조류의 흐름을 보면서 사고가 급속도로 확장되었지.

조직과 공동체에 속해 있다 보면 이를 구성하는 사람 대다수가 움직이는 방향에 의해 나도 따라갈 수밖에 없는 제약이 있지. 그리고 내가 만나는 사람들의 생각이나 사고방식에 어쩔 수 없이 영향을 받게 되어 있다. 길을 떠나야 하는 이유가 여기에 있다. 익숙한 것으로부터 멀어지고 낯선 것을 받아들이기 위함이란다.

내가 옳다고 생각했던 것, 내게 익숙했던 보금자리에서 벗어나 나와 정 반대되는 삶을 살고 있는, 내가 가졌던 가치관과 정 반대의 가치관을 가지고 있는 사람들도 만나면서, 단순히 옳고 그름을 내 기준으로만 판단할 수 없다는 것을 느끼게 된단다. 그 과정에서 많은 새로운 사상이나 생각이 생겨나고, 또 소멸하기도 한단다.

'각성'은 부딪침에서 일어난다.

토정 이지함 선생에 대해 공부를 하다 보니 왕양명이 떠올랐다. 시대를 앞서갔던 토정 이지함(1517~1578년), 그가 했던 일은 현대의 기업가나 학자에 가까운 개념이었다. 양반이지만 백성들을 구하기 위해 직접 장사를 하는데 거리낌이 없었고, 마포나루의 토정을 근거지로 삼아 직접 백성들을 대하면서 가르치고, 선단을 이끌었으며, 조선 양반 사대부가로서는 처음으로 장사에 나서서 큰 부를 일궈냈던 인물이다.

아무리 혁신적인 사상가였어도 양반의 신분으로 스스로가 장사를 해 볼 생각은 못했던 시절이었다. 하지만 그는 과감하게 그 경계를 훌쩍 넘었을 뿐만 아니라 일궈낸 부는 모조리 백성들을 위해 썼다. <어우야담>에 나오는 일화이다. 굶주린 백성들을 구제하기 위해서, 그 동안 번 돈을 쌀로 수천 석을 바꾼 뒤, 동네사람들에게 직접 쌀을 퍼서 나눠주었는데, 마지막 쌀 한 톨까지 탈탈 비워서 나눠주고 나서는 자신의 몫으로는 하나도 챙기지 않고, 도포자락을 휘날리며 털끝하나 미련 남기지 않고, 길을 떠났다고. 전설의 영웅설화처럼 내려오는 이 이야기는 그가 재물을 모았던 이유가 자신의 이익을 위함이 아니었음을 알 수 있다.

토정은 무엇으로 유명한가? 토정(土亭) 이라는 호로 유명하다. 한강 마포나루에 만든 자신의 흙으로 만든 정자, 토정(土亭)을 근거지 삼아 상인이 되어 한반도의 강과 바다를 누비며 재물을 모든 뒤 가난한 자들에게 모두 나누어주었다. '돈 벌어서 남 주자' 이게 어디 쉬운 일인가? 그러나 그그렇게 했다.

16세기는 조선사적으로 조선 중기에 해당하면서 조선 초기부터 누적되었던 사회적 불만(서얼제도차별)이 터져 나왔고 250년이라는 시간이 흐르면서 백성들의 의식에도 변화가 있었다. 경제적으로는 곳곳에 민간의 장들이 서기 시작하였으며, 사상학적으로는 조선성리학의 기틀을 세운 학자들과 향촌에는 각종 서원들이 생겨나고 있던 시대였다. 세간에 알려진 것과는 달리 역동적인 시대였다. 그는 대한민국 산천을 직접 발로 뛰고 다니면서 사람들의 의식 저변에 흐르던 변화의 물결을 기민하게 눈치 챘다.

그래서 그는 여러 가지 혁신적인 주장을 했는데, 농업과 상업 공업을 차별하지 말고 동등하게 다룰 것이며 광산개발과

외국과의 교역이 중요하다는 것과, 3면이 바다로 둘러싸인 한반도에서 바다를 자원으로 적극 활용할 것을 주장했다. 그는 신분에 차별 없이 학문에 뜻이 있는 제자들을 받아들였고, 그가 돈이 없어서 공부를 못하면 당신이 직접 돈을 벌어서라도 공부를 할 수 있도록 도와주었다. 남들이 비웃든 상관없이 돈이 된다고 생각하면 직접 장사를 했으며, 이를 몸소 보여준 이유는 조선이 변해야 한다고 생각했기 때문이다. 사농공상을 도식적으로 이해하지 않았고 이것 또한 그 사람이 타고난 능력과 재능에 따라 분류되는 것이지 양반이면 몸을 쓰면 안 되고 천민이면 몸을 쓰는 일만 해야 한다고 생각하지 않았다.

창조적인 생각은 시대의 전환기에 혹은 경계인(경계인이라고 썼지만 사실은 '초월인'이라고 부르고 싶다)들에게서 많이 발견된다. 전환기에는 기존의 사상과 새로운 가치관이 싸우면서 그 역동성을 동력삼아 여러 가지가 창조되고, 경계인들은 보통 사람과는 달리 세상을 보는 눈이 다르기 때문에 새로운 생각을 할 수 있다.

이지함은 경계인으로 살면서 경계를 초월할 수 있었기에 시대의 틀을 뛰어넘는 다양한 사고가 가능했던 것이다. 마찬가지로 왕양명은 양명학이라는 학문을 정립시킬 수 있었던 것은 유배를 간 것이 결정적인 계기가 되었다. 이 책과 직접적인 관련은 없지만, 창의적인 사고의 탄생이 어떻게 이루어지는 지에 대한 예시를 주기 위해 양명학이 탄생의 배경이 된 이야기를 적어본다.

왕양명, 그는 누구인가?

왕양명(양명, 왕수인)은 1472년에 태어나 1528년의 나이로 세상을 떠난 명나라의 정치인, 군인, 사상가였다. 그는 1506년, 35세 되던 해 당시 최고의 실세 환관 유근의 비리를 고발하는 상소를 올렸다가 귀주성, 용장(또는 용주)의 말단 관리로 좌천되었다. (사실상 귀양 보내진 것). 그는 명문가에서 태어난 명나라의 고위관리였다. 자신에 대한 자부심이 상당했다. 그런 그가 변방 중의 변방, 오지중의 오지 용장으로 좌천되었다. 하지만 이 경험이 그를 일생일대의 생각의 대전환을 일으키는 '사건'이 될 줄 누가 알았을까? 그도 몰랐다.

유배지는 한족중심의 명나라에서 가장 변방에 있는 용장이라는 곳이었다. 이곳에 사는 민족들은 묘족으로 중국의 소수민족 중 하나였기에 사용하는 언어, 풍습, 기후, 문화 모든 것이 달랐다. 한 마디로 변방 중에 변방으로 보내진 것이다. 이곳으로 온 다른 관리들과 그가 달랐던 점은, 다른 관리들은 이곳을 변방의 보잘 것 없는 도시라고 생각했으며 자신의 몸은 여기에 있지만 자신의 소속은 중앙이라고 믿었다. 하지만 왕양명은 이곳에 살면서 자신의 가치관을 하나씩 내려놓기에 이른다. 자신이 온 곳이 중앙이고, 기준이라는 의식, 고위관리라는 의식, 언젠가 다시 돌아가야 한다는 생각, 자신이 알던 것이 최고라는 생각 등, 생각의 껍질을 벗어내고 가벼워지자 그는 묘족들과도 허물없이 어울리기 시작하면서 용장이 변방이라는 생각이 아닌, 묘족의 입장에서는 이곳이 곧 중심이고, 자신이 온 곳이 주변부라는 생각에 이른다. 이치가 밖에 있지 않고 내 마음 속에 있는 것이라는 깨달음 (심즉리)을 건진 것이다.

그가 처음 용장에 왔을 때에는 중앙으로부터 한 없이 멀리 떨어진 곳이니까, 제대로 된 문명이 갖춰져 있지 않고, 문화 수준도 형편없을 것이라 생각했다. 하지만 고산지대에 위치한 묘족들이 일궈놓은 문화수준은 생각보다 높았다. 높은 산악지대 정상에 잘 짜인 집들이 촘촘하게 질서 있게 들어서 있을 줄은 누가 알았을까?

2차 충격은 이들이 믿는 신앙에서 비롯되었는데, 그들은 자신들의 조상을 '치우'로 여기고 제사를 지내는 것이었다. 치우천황은 알다시피 동이족 계열의 왕이며, 배달국 14대 환웅이라고 한다. (여기서 묘족들이 동이족 계열임을 알 수 있다) 명나라인들에게 치우천황은 거의 기독교인들에게 마귀로 인식되는 인물이다. 그런 치우천황을 용장에서는 민족의 시원으로 알고 숭배하다니! 자신의 관점에서는 거의 마귀나 사탄을 숭배하는 것처럼 여겨졌을 것이다.

자신에게는 타자에 해당했던 용장, 그러나 이곳으로 오게 되면서 이들은 더 이상 타자가 아닌 자신의 삶의 터전이 되었다. 한족 지식인으로, 사대부 태생의 귀족으로 가졌던 특권의식, 정치중앙에서 밀려났다는 의식 등은 용장에서는 아무 쓸모가 없었다. 그는 자신이 북경(중앙)에서 왔다는 특권의식, 그 동안 쌓아왔던 지식 등을 이곳에서 하나씩 비워나가면서 체질변화를 해낸다. 천재와 일반인의 차이점은 같은 상황이 주어져도 어떤 이는 새로운 사상을 잉태시키고 어떤 이는 주어진 틀에서 사고하는 것이다. 전에 이곳으로 유배 왔던 선비들도 분명히 있었을 텐데, 왕양명이 이곳에 오게 됨으로써 용장은 역사의 무대에 특별하게 등장한다.

세상에 존재하는 것 중에 새로운 것은 없어
: 새로운 것이지만 새롭게 구성한 것일 뿐

나: 많은 사람들이 천재를 부러워 하지만 정작 천재의 삶은 일반적 기준으로 행복해 보이지는 않지만 역동적으로 보입니다. 선생께서도 당대에 기인으로 불렸으며 율곡이이께서는 '기화이초'라고 까지 표현했지요. 하지만 백성들의 평가는 달랐습니다. 아버지라고 생각했지요. 16세기에 이미 현대인들과 같은 생각을 할 수 있었던 이유가 있을까요?

토정: **세상에 존재하는 모든 것들은 하나도 새로운 것이 없단다. 모든 것은 기존에 존재했던 지식이나 가치들을 모아서 새롭게 구성한 것이란다.** 고도로 집중을 하게 되면 마치 라디오의 주파수를 맞추듯이 우주의 다양한 지식들에 접속된다. 나는 수련을 하면서 집중하는 연습을 자주 했기에, 명상 속에서 새로운 생각이나 해결방법을 구하곤 했지. 학자들이나 작가들, 사상가들이 문제를 해결하고자 집중할 때 떠오르는 생각이나 해결책들은 그 결과로 우주의 주파수에 맞닿아 그에 걸 맞는 정보를 수신한 것이란다.

마치 그런 것인지. 처음에 항해를 떠날 때에는 주변에 전송해 주는 사람들도 있고, 주변에 많은 고깃배도 있지. 그래서 외롭지는 않지만 깊이 집중할 수 있는 상태는 아니야. 그러나 점점 넓은 바다를 항해할수록 주변의 사람들도, 고기잡이 배들도, 듬성듬성 떠 있던 주변의 섬들도 보이지 않지. 생각의 흐름도 그런 것이지. 처음에는 생활 소음이나 주변에 있던 다른 사람들의 생각들이 내 머릿속에 들어와 고요한 상태를 유지하기가 어렵지. 그러나 계속 한 주제에 대해서 생각을 하고, 또 하다보면 복잡한 파장대역을 지나 심해와 같은 고요한 파장대역에 도달하지.

쉽게 설명하면, 지구저변에 머물러있던 내 생각의 주파수를 대기를 지나, 우주입구, 그리고 우주의 깊은 곳까지 내 생각이 여행을 하는 거지. 그것을 가능하게 하는 것은 집중이란다. 이런 저런 생각을 하는 것이 아니라 한 가지 주제에 대해서 깊이 생각할 때 이러한 상태에 이르게 되는 것이란다. 예술가들이 밤에 집중을 잘 할 수 있는 이유도, 주변의 복잡다단한 주파수들이 방해하지 않기 때문이란다. 하지만 집중하는 수련을 오랫동안 하다보면, 고요한 때를 기다릴 필요 없이 내가 원할 때 언제든지 집중 상태로 들어갈 수 있단다.

내가 새로운 생각들을 펼치고, 그것들을 실천할 수 있었던 힘은 첫 번째, 사람에 대한 사랑이 있었기 때문이다. 어떻게 가족도 아닌 타인에게 지극한 사랑을 느끼는가? 이것을 궁금해 했지?

사람들은 타인에게 사랑을 실천하는 사람들에 대해 의인이라고 보고 자신들과는 동떨어진 특별한 존재라고 생각한단다. 과연 그럴까? 측은지심은 모든 사람의 마음에 살아있는 마음이지. 누군가 곤경에 처해져있을 때 안타까움을 느끼는 마음, 도와주고 싶어 하는 마음, 보고 있는 것이 힘들어서 못 본 척 하는 마음조차 다 측은지심이 움직인 결과라고 할 수 있단다.

내가 만약 관리로 살면서 집과 궐, 보는 사람들만 늘 만나면서 살았다면 내 안에 있던 측은지심이 제대로 발휘하지를 못 했겠지. 하지만 주변사람들이 억울하게 죽어가는 현실, 자연재해와 폭정을 못 견디고 스스로 도적이 되거나 자살하는 사람들을 일상에서 수시로 마주하게 되다보면, 내 마음속의 측은지심이 지속적으로 발휘되면서 타인이 단순히 타인이 아니라, 내 몸의 일부처럼 느껴지게 된단다.

전쟁 때 평범한 이웃이 영웅이 되고, 타인의 목숨을 구하기 위해 스스로의 목숨의 위협이 되는 일도 마다하지 않는 사람들에 대한 이야기를 들어본 적이 있지? 전쟁을 겪고 서로가 어려웠던 시절, 인심이 야박해지는 경우도 있지만 대부분의 공동체 마을에서는 없는 가운데 서로를 돕고 살았던 경우가 많이 있다. 이상하지, 물질이 부족했던 시절인데 오히려 사람들의 마음속에 뜨거운 용기가 살아 숨 쉬고 타인에 대한 여유가 있었다는 것이.

내가 했던 일이 특별했던 것이 아니었다는 이야기를 하는 것이네. 공부를 했고, 전국을 다니면서 이론을 실제생활에 접목시켜 줄 방법을 알 고 있었다. 그러니 사람을 돕고 싶은 마음이 일어난 것은 당연했지. 인간이 모두 다르게 태어난 것처럼, 우리가 발을 딛고 서 있는 이 땅도 지역에 따라 생김이 다르고 기후가 다르다는 것을, 그리고 같은 사람이라도 사는 지역의 영향을 받는 다는 것을 확인할 수 있었단다. 그러니까 풍수와 지리, 역학, 관상 이러한 것들이 실제로도 사람들의 삶과 밀접하다는 것을 공부하였지.

안타까운 것은 사람들의 닫힌 생각이었다. 자신이 몸담고 있는 세계에서 조금만 벗어나도 세상을 보는 눈이 달라질 수 있을 텐데, 그렇게 된다면 자신이 처한 가난과 처지에 대한 불만에서 벗어날 수 있을 텐데, 우물 속의 세상이 전부라고 믿고 벗어나 볼 생각을 감히 해 보지 못하는 것이 가장 안타까웠다.

우리가 약점이라고 생각하는 것도 사실은 약점이라기보다는 어떤 점이 지나칠 경우 반드시 그 지나침만큼 모자란 면이 있는 것이 사람이었다. 사람뿐 만이 아니라 모든 경우에 해당하는 점이었다. 우주라는 곳이 설계된 방법이 그랬다. 그런 의미에서 지역 간의 교류와 유통이 필요한 것이다.

이 지역에 넘치는 자원은 다른 지역에서는 반드시 모자라는 법이고 그것을 극복할 수 있는 방법은 교역을 통하는 방법이다. 세상의 모든 재화와 사람은 만나야 한다. 만나야 한다는 것은 교류를 해야 하고, 나누어야 하고, 분배를 해야 한다는 뜻과 일맥상통한다. 이 세상에 새로운 것은 없다. 이전에도 있어왔던 것을 새롭게 해석하거나, 새롭게 주목을 했기 때문에 새로운 것으로 느껴지는 것이다.

지구는 우주의 축소판이다. 없는 것이 없다. 이미 나와 있고, 우리들이 생각의 틀을 넘고, 세상에 대한 따뜻한 애정이 있다면, 그것이 동력이 되어 창조하는 힘이 생긴다. 창조의 동력은 역시 세상에 대한 관심과 사랑이라는 것을. **마음 에너지가 세상을 움직이는 동력이란다.**

창조력은 영적인 힘과 맞닿아있다. 보이지 않는 무형의 에너지를 유형의 에너지로 바꾸는 작업이기 때문이다. 그리고 창조력을 향상시키는 동력은 세상에 대한 '관심과 애정'이다. 우주로부터 창조력을 이끌어 오는 방법은 열린 마음을 갖고 세상을 다양하게 경험할 것, 직접 발로 돌아다니고 부딪치면서 몸으로 깨달음을 얻을 것. 그리고 현장에서 느낀 것들을 해결하고자 하는 마음의 발현과 집중, 집중을 용이하게 도와주는 것이 수련이자 명상이다.

명상을 하면 뇌에서 알파파가 흘러나오면서 평소에는 접속할 수 없었던 다양한 정보들에 접속할 수 있게 된다. 하지만 그 정보들을 해석할 수 없다면 나는 세상에 구체적인 일을 할 수 없게 된다. 그래서 정보를 풍부하게 해석하려면 세상을 경험하고 일상에서 공부를 하고 다양한 지식을 쌓아야 한다. 수련을 하는 사람들 중에 구체적인 결과물을 내지 못하는 경우는 세상 공부를 등한시 하는 경우이다.

현재의 인류에게는 이전의 인류와는 비교할 수 없을 정도로 폭발적으로 성장할 수 있는 가능성이 있다. 이전 인류와 특별하게 달리 태어나서가 아닌, 역사 이래 오랜 세월동안 인류가 축적한 지식들을 자유롭게 이용할 수 있는 첫 세대이며, 각종 미디어의 발달로 이전 세대들과는 비교할 수 없을 정도로 간접경험의 폭이 열려있으며, 전 세계 사람들과 실시간으로 소통할 수 있는 시대이기 때문이다.

고작 조선 땅만을 대상으로 삼았던 나에 비해 후손들의 가능성은 무궁무진하다. 다만, 전에 없던 것을 세상에 내어놓는 방법은 동일하다. 다양한 세상을 만난 후 내가 할 수 있는 것을 생각한다. 그 생각을 놓치지 않는 동력은 세상에 대한 관심과 애정이다. 생각한다. 걸어가면서도 생각하고 밥을 먹으면서도 생각하고 자기 전에도 생각한다.

간질병에 걸린 사람들을 낫게 하는 방법을 찾아내려고 내 몸을 실험대상 삼아 일부로 간질병에 걸렸던 것, 곤장을 맞는 백성들의 심정을 헤아리기 위해 고을의 원님이 지나가는 길목을 막아, 관에 끌려갈 뻔 했던 사건들은 내가 얼마나 대상과 동일화가 되었는지를 알려주는 사건이다. 어떤 문제를 해결하기 위해 집중을 하다보면 자는 것도 먹는 것도 잊어버리기도 하는 것처럼 집중하다보면 그런 행동도 할 수 있는 것이다.

살아가는 것 자체가 하나의 배움의 과정이라고 할 때 나는

'인간'에 미쳐있었던 것이지. 인간을 이해하고 이해하게 되니 연민이 생기고, 구제하고 싶은 마음이 생기고 사랑하는 마음이 점점 커져 절절하게 흘러넘치게 되었지.

나도 감정을 가진 사람이었기에 때로는 원수처럼 느껴지는 사람들도 있었지만 한 사람이 그렇게 밖에 될 수 없었던 과거와 인간으로서의 특성을 알게 된다면 연민이라는 감정이 올라온단다. 인간으로서 느낄 수 있는 기쁨 중에 하나는 대상과의 연결, 통합에서 오는 기쁨이 있다. 그것은 단순히 식욕이나 성욕, 혹은 정의 차원에서 느낄 수 있는 기쁨과는 차원이 다른 것으로, 어떻게 보면 신의 차원에서 느낄 수 있는 기쁨에 가까운 감정이지.

인간들이 행복이라고 느끼는 감정들은 대부분 '자신'이 있는 상태에서 느끼는 감정이 대부분이지. 내가 먹는 것, 내가 입는 것, 내가 가지는 것, 내가 보는 것, 이렇게 자의식이 존재하고 그 자의식을 만족하고 충족시키는 쪽으로 발현되는 것들이다. 하지만 진정한 기쁨은 내 안의 평화로운 감정이 흘러 넘쳐서 그것이 주변으로 확대되는 기쁨이다. 즉, 나를 희생시켜 남을 구한다는 의미가 아니라 (이타적인 것을 의미하는 것이 아니다), 너와 나의 경계가 없음을 의미한다.

'나'라는 존재가 무심無心으로 비어있으면 비어있는 나의 마음속에 신성이 깃들게 된다. 그렇다면 그 신성으로 대상으로 대하고 바라보고 느낄 때 인간으로서는 가능하지 않은 수많은 것들이 가능하게 된다. 예를 들어, 나는 과거시험을 보러

가는 길인데 길가에서 쓰러진 사람을 발견했다. 순간, '내가 이 사람을 도우면 수년간 준비했던 과거시험을 못 본다. 앞으로 기회가 다시 오지 않을 수도 있는데.' 라고 생각할 수 있지.

이 단계에서는 이미 자의식이 발동한 상태이다. 자의식이 없는, 무심의 상태에서는 생각이 작동하기 전에 행동이 먼저 나가는 것이다. 그리고 부랴부랴 생명을 구하기 위한 활동을 하고, 한 숨을 돌리는 순간, '아차, 나 시험 보러 가야하는데.' 하는 것이다. 그러니까 누군가를 도울 때는 돕는다는 생각자체를 하지 않았다. 자연스러운 감정의 발로였다.

인간으로 태어나 신의 경지에 이르는 것은 그런 것이다. 그냥 나를 비워내는 것이다. 나의 감정이나 생각을 비워내면 비워 낸 만큼 하늘을 담아낼 수 있는 역량이 커지게 되고 하늘의 일을 할 수 있게 된다. 하늘이란 어떤 곳인가, 인간 세상처럼 경계가 나뉜 곳이 아니다. 아무것도 없이 텅 빈 곳이다. 보이지는 않지만 세상의 모든 것을 내었으며, 보이지 않지만 세상 모든 것이 작용을 할 수 있도록 해 주는 것. 그것이 신성이고 우주의 법칙이다. 마치 도덕경의 말씀처럼 말이다. 무엇을 낳고도 소유하지 않고 자랑하지 않는 것, 그러나 만물이 소생하게 하는 것, 그것을 덕이라고 하듯이 말이다.

*'무엇을 낳고도 그것을 소유하려 하지 않고
무엇을 하고도 그것을 자랑하려 하지 않으며
길러주지만 그것을 주재하려고 들지 않는다.
그것을 '현덕'이라고 한다.'*

출처: <노자의 말:도덕경> 야스토미 아유미, 삼호 미디어

자신을 비워내는 연습을 일생동안 한다면 그것이야말로 인간이 신의 경지에 이를 수 있는 지름길이다. 비워진 만큼 그릇이 되고 종국에는 우주를 담을 수 있는 그릇이 되는 것이다. 그것은 인간으로 태어나 가질 수 있는 가장 보람 있는 일이다. 인류 역사상 존재했던 많은 선현들이 자신을 버려 신성을 구하고, 타인을 구한 사람들이었다. 누군가를 구제한다는 의식도 없이 보는 순간 행동을 했다. **사람으로 태어나 가져 볼 수 있는 가장 성스럽고 선스러운 경지의 욕심이다.**

2장. 교육의 대 전환 그리고 세 가지 키워드
:회복, 영성, 품성

Ⅰ A.I.의 시대와 교육

나: 요즘 Chatgpt의 등장, 다양한 인공지능을 가진 로봇의 등장으로 많은 직업들이 사라지고 인간이 로봇에 대체될 것에 대해 여러 사람들이 우려하고 있습니다. 이런 시대에 인간은 어떤 방향으로 나아가야 할지요? 걱정은 많은데 어떻게 대처해야 하고 어떻게 생각해야 할지 감을 잡지 못하겠습니다.

토정: A.I.와 인간을 구별 짓는 가장 큰 측면이 뭐라고 생각하느냐?

나: 글쎄요, 인공지능은 일단 방대한 지식을 가지고 있지요. 그리고 일 처리속도, 완벽함에 있어서는 인간이 명함을 내밀 수가 없습니다.

토정: **인간과 인공지능과 가장 큰 차이점은 지성(아는 것을 실천하는 힘)과 영성의 유무이다.** 지식의 확장성에서 기계를 능가할 수는 없다. 정보처리능력의 효율성에 있어서도 인간이 기계를 능가할 수는 없다. 조물주의 창조물인 인간은 만물의 영장이라는 '타이틀'을 얻었음에도 불구하고 여러 가지 면에서 효율성이 떨어지고, 우주의 흐름과는 위배되는 행동들을 자주 일으키는 골치 아픈 존재이기도 하지. (^^) 그리고 동물이나 곤충들과 비교해도 신체능력이 많이 떨어지지 않느냐?

그럼에도 **인간이 가지는 탁월성**은 인간만이 가진 '**지성**2)**(지식이 아닌)**'과 '**영성**'이다. 이것을 인지하고 있을 때 '현인류'는 다음시대에 대한 희망을 가지고 현재를 살아갈 수 있다.

인공지능의 등장으로 **지식위주의 교육 형태에 큰 변화가 올 것이다.** 변화가 있을 때에는 긍정적인 흐름과 부정적인 흐름이 함께 온다. 내가 어떤 것을 선택하는 지에 따라 긍정적인 흐름을 잡아 낼 수도 부정적인 흐름을 잡아낼 수도 있다. 항상 깨어있어야 하며 진리와의 접속을 갈망해야 한다. 방법은 욕망이 나의 정신과 양심을 가리지 않도록 자신의 마음을 갈고 닦는 것이다. 맑은 상태를 유지해야 무엇이 옳은 것인지 그른 것인지 복잡하게 얽혀있는 수많은 가치기준 속에서 본질을 뽑아 낼 수 있기 때문이다.

나: 맞아요. 앞으로는 인공지능이 나타나 의사나 변호사, 선생님 등 다양한 직업이 사라지게 될 거라는 예측도 있습니다.

토정: 지식의 전달은 인공지능이 할 수 있겠지. 인간보다 정보를 더 많이 처리 할 수 있으니 정보의 전달은 더 잘할 수

---

2) 작가주: 지식과 지성의 차이는 지식은 말 그대로 정보를 받아들이는 행위, 지성은 자신이 알고 있는 것을 실천하는 힘이라고 본다. 지성이 영성으로 넘어가는 때에는 실천하는 과정에서 얻는 깨달음을 자기 것으로 할 때, 지성은 영성으로 전환된다.

도 있다. 그렇다면 인간은 어떤 분야를 담당해야 할까? **인간은 기계와는 다른 인간만이 가진 특성을 더욱 계발하는 쪽으로 나아갈 것이다.** 자, 여기서 생각해 볼 것은 인간이 인간일 수 있는 이유가 뭘까? 인간을 인간답게 하는 것은 무엇이라고 생각하나?

나: 음, 대화 시작할 때 이미 힌트를 주셨죠. 인간을 인간다울 수 있게 하는 것은 역시 인간이 영성과 지성을 가졌다는 존재입니다. 인간이 몸과 마음을 가졌다는 존재라는 것. 양심을 가진 존재. 창조적인 존재라는 것? 이런 것이 아닐까 싶어요.

토정: 지식교육은 인공지능이 맡는다면 인간의 품성, 영성, 예술성, 창의성을 계발하는 수업이라든가 자연과 교감하는 수업이 늘어나겠지. 즉, 인간이 가진 영적인 측면을 계발하는 교육으로 나아가야 할 것이야. 그것이야말로 기계가 대신 해줄 수 없는 것이거든. 기계가 자신에게 입력된 수많은 고전, 경전을 읽어줄 수는 있어도 기계자체가 영성을 가지고 스스로를 발전시킬 수는 없는 노릇이거든.

그렇다면 자신의 영성과 지성의 계발을 위해 인공지능을 도구로 삼아야겠지. 이제까지는 인간이 기계화된 측면이 없지 않는가, 그래서 인간소외 현상을 낳고, 타 존재에 대한 공감력이 떨어지는 사람들이 다수 탄생했다. 앞으로의 시대는 대전환이 이루어질 것이다. 그것은 과거와의 만남으로 가능하다. 기계가 등장하기 이전의 시대 말이다. 인간을 전인적으로 바라보고 교육하는 방식이 나와 주어야 할게다.

1. 전인교육: 지(知), 덕(德), 체(體)를 완성하는 교육

나: 전인교육이 중요하다는 것은 알겠는데 도대체 어떤 교육을 말하는지요?

토정: 전인적인 교육은 의식을 깨우고, 마음속의 사랑과 덕을 키우고 배운 것을 실천하는 것을 포함한 교육을 말한단다. 기본적으로 지(知), 덕(德), 체(體)를 완성하는 교육이 전인적인 교육이지. 그 동안은 머리만을 과도하게 키우고 가슴과 실천하는 힘은 턱없이 부족한 인간을 낳았지. 사랑 없는 지식, 실천이 뒷받침 되지 않은 채 의식만 자란 것의 부작용을 목도했지 않느냐.

앞으로의 교육은 책상에서 내려와 아는 것을 실천하고 사랑을 기르는 교육이 나와 주어야 해. 자신이 아는 것을 실제로 체험하는 학습을 통해 실천하는 힘을 기르고 공감력, 감성, 창의성, 예술성을 발휘할 수 있도록 해야겠지.

아이들의 심신이 조화롭게 성장하고 명상을 통해 영성이 계발되며, 자연을 알고 하나 될 수 있는 교육, 또 삶과 죽음을 자연스럽게 배우는 과정, 타인과의 소통을 위한 과목, 자원봉사의 과목도 필요하다. 공부란 나이 듦과 무관하게 언제나 할 수 있는 것이지만 태어나서부터 20대의 성장과정까지는 인간으로서 자연스럽고 지, 덕, 체를 갖추는 조화로운 교육과

정들과 실질적 경험을 바탕으로 하는 교육체계가 필요하단다.

2. 근본적인 교육은 삶을 사는 것

지금의 너희들은 느낄 수 없지만 지구에서의 한 생을 경험하고 떠난 내가 할 수 있는 말은 인간의 교육이란 태어나서 죽을 때까지 얼마나 성장하고 느끼며, 다른 이들과 소통하고, 자연과 하나 되고, 우주와 하나 될 수 있는가를 경험하는 것이란다. 인간 삶 자체가 최고의 교육이라고 할 수 있지. **근본적인 의미에서 교육은 삶을 살아가는 것이란다.** 그간 우리는 많은 세월을 획일화된 교육으로 스스로를 잃고 살아왔다.

능동적이고 창의적으로 사회와 함께 호흡하는 인간이 되기 위해서는 스스로 생각하고 느끼고 행하는 행동이 자신이 속한 공동체에 어떠한 역할을 하고 있는지 볼 수 있어야 해. 자발적인 태도가 중요한데, 주입식 교육으로는 사고가 멈춰버려서 내가 무엇을 왜 어떻게 해야 하는지 모르는 상태로 시류에 휩쓸려버렸지. 하지만 이런 태도가 지구 전체의 위기를 불러일으키지 않았니?

앞으로는 인성이나 품성에 대한 교육을 강화하고 서로 협동하고 소통하는 법을 기르는 교육이 필수이다. 방법은 고전 속에 녹아내려 있다. 그 동안 찾지 않았을 뿐 이미 선현들이 이루고 간 것들을 찾아서 시대에 맞게 약간의 수정은 필요하다.

내가 살고 있는 이 우주는 다양한 것들이 어우러져 조화를 이루어 나아가는 곳이다. 그것을 '진화'라고도 표현하는데 이는 우주만물의 목표이자 소망이기도 하단다. 나 역시 그러하고. 그런 측면에서 교육 또한 개인의 다양성을 존중하는 형태로 나아가 그 개인의 모여 무언가를 이루어낸다면 이 사회는 얼마나 다양한 것들이 꽃필 수 있겠니?

3. 소통하고 협력하는 사람을 길러라

나: 그렇다면 지금까지처럼 지식위주의 교육에 변화가 올 것 같은지요?

앞으로 지식위주의 교육에 변화가 올 것이다. 인간이 나아가야 할 방향은 그 동안의 교육방식이 낳았던 단점들을 뒤집어 보면 된다. 지식위주의 교육, 불필요한 경쟁, 노동이 되어버린 공부, 스스로 선택하지 못하고 수동적으로 지식을 익혀야만 했던 교실 안 교육, 도덕이나 철학, 체육은 부재한 교육, 머리만 과도하게 키웠던 교육 등. **앞으로는 스스로를 근본적으로 성찰하고 소통하고 협력하는 법을 가르치는 교육이 필요하다.** 단순히 경쟁에서 이기고 순위를 높이는 방식으로는 끝이 짧을 수밖에 없다. 경쟁의 끝으로 치달아 가고 있는 현재 교육의 주소가 그것을 말해주고 있다. 앞으로는 협동에서 얻는 시너지 효과를 직접 느낄 수 있도록 해야 한다.

멀리 갈 것도 없다. 한민족의 본래 정신인 홍익인간, 천지인

天地人 정신이 그것이다. 1+1+1 =1 더 큰 의미에서의 대동의식이 한국인들 본래의 세계관이다. 나 자신만을 구제하기 위한 공부가 아니라 해서 나누기 위한 공부, 내가 속한 공동체 사회의 선善을 위한 공부, 그렇게 확장된 내가 되어 보는 것을 가정과 학교에서 꾸준히 연습 한다면, 그 아이가 자라서는 어떤 사람이 되겠는가? **인간은 내재적으로 타인과 깊이 교류하고 교감하고 싶어 하는 특성이 있다.** 지금처럼 한 가지 기준을 향해 모든 사람이 달려가는 경쟁구조 속에서는 '공동의 선'을 위하는 삶을 산다고 해도 얼마든지 행복해질 수 있다는 것을 모르는 것이다.

기술발전이나 물질의 발달이 인간의 행복을 보장하는 것이 아니다. 어느 수준까지의 발달은 인간에게 시간과 자유를 허락해주는 부분도 있지만, 현재까지 지구 인류의 변화상으로 보면 득보다는 실이 많은 것으로 보인다. 그렇다면 앞으로 인류가 나아가야 할 방향은 인간의 자연스러운 심성을 되찾고, 생태적인 삶을 사는 것이다. 자연의 흐름과 동떨어져 하루 종일 책상 앞에 사는 삶 속에서 벗어나 자연과 가까워지려 애쓰고, 공동체 정신을 회복하고, 잃어버린 영성을 회복하는 것이다.

20세기까지는 지속가능성을 고려하지 않은 경제발전과 파괴의 시대였다면 **21세기는 회복의 시대인 것이다.** 기술에 대한 입장은, 인간의 삶을 풍요롭고 자유롭게 하는 보조적인 수단으로서의 가치를 지닌 것이다. 과거에는 열심히 하고, 쉼 없이 향하고, 한 가지 목적만을 위해 희생하는 삶이 바람직한 것으로 여겼지만 인간의 수명이 늘어나고, 인구는 줄어든 현 시대에는 더 이상 과거의 가치관이 새로운 시대를 이끌어 갈 수 없다.

교육뿐만 아니라 사회전반에 걸친 패러다임이 달라져야 할 때이다. 과거에는 의무교육이라는 것이 존재했지만 이제는 평생교육이라는 개념이 생겼다. 인간의 삶이 하나의 교육프로그램이라는 것을 인지한다면 인간은 평생 배우고 깨달아가는 존재이다. 그리고 삶과 죽음에 대한 인식도 달리해야 한다. 예전에는 삶과 죽음을 분리된 것으로 인지하고 최대한 죽음에 관한 질문, 죽음을 준비하는 법, 노년에 대해 내 삶을 어떻게 가꾸어가야 할지에 대해서 공개적으로 이야기 하는 것을 금기시하는 경향이 있었다.

인간의 수명이 100세 혹은 그 이상이라고 보았을 때, 인간의 삶에 대한 정의도 전 시대와는 달라야 하는 것이다. 예전에는 단순히 물질적인 행복, 나의 가족, 자식들을 먹여 살리고 그것으로 의무를 다하는 삶이었다면 이제는 그 이후의 삶도 못지않게 길어진 시대이기에, 자신에 대해 근본적으로 성찰하고 은퇴이후의 삶도 충분히 보람 있게 꾸려나갈 '의무'가 생긴 것이다. 그것은 선택의 문제가 아닌 생존의 문제가 되었다.

Ⅱ 늘어난 수명, 교육의 의미를 달리 정의하다

나: 그렇군요. 인간의 수명이 길어진 만큼 삶을 어떻게 살아

야 할 것인지에 대해 새로이 고민을 하고 가치관이 바뀌어야 할 것 같아요.

토정: '나'라는 사람은 어떻게 살 것인가? 내 삶을 어떻게 꾸려갈 것 인가야 대한 연구를 하고, 동시대인들과 다양한 삶의 방식들을 공유해야 한다. 이전에는 사회적 지위가 곧 나를 나타내는 정체성이었다. 하지만 사회적 지위, 나이, 성별 이런 사항들을 모두 지웠을 때 나는 어떤 존재인가? 내가 누구라고 자신 있게 말할 수 있는 사람이 몇이나 될까?

나 = 사회적 지위, 역할로만 규정했던 사람들은 이러한 요소들이 사라졌을 때 그 동안 내가 누구인지 한 번도 진지하게 생각해 보지 못했다면, 은퇴 후의 자신의 삶을 어떻게 꾸려나갈지 모르고 허둥지둥 살다가 생을 마감하는 만큼 허무한 것이 어디 있을까?

나: 그러고 보니 우리는 은퇴 후의 삶에 대해서는 별로 얘기를 하지 않는 것 같아요. 무엇을 성취하는 데에만 다들 몰두해 있어요.

토정: 물질적으로 풍부해질수록 인간의 영성은 빈곤해지는 경향을 띤다. 여전히 물질적인 부를 추구하며 살아가는 사람들도 있겠지만 반대급부로 정신적인 면의 갈급함을 느껴 이전 시대보다 영적인 면을 추구하는 사람들이 늘어날 것이다. 인류는 거대한 변화의 시대로 이행되는 과정 속에 있다. 우주의 운행으로 따지면 여름에서 가을로 접어 들어가는 성숙

기에 있으며, 물질문명에서 정신문명으로 들어가는 초입에 진입하고 있다.

하나의 패러다임에 변화가 오는 시기에는 기후 변화 뿐만 아니라 사회전반에 걸쳐 많은 변화가 한꺼번에 닥친다. 인류 역사는 점진적으로 변화된 것처럼 보이지만, 어떤 한 시기에 집중적으로 발전 했다가 점점 쇠퇴하는 경향을 보이다가 도약하거나 아니면 소명되면서 다음 시대로 넘어가는 특성을 보인다.

변화의 시기에 변화하지 못하면 인류의 역사는 퇴보하고 다음 변화의 시대를 기다려야 한다. 현재 전 세계 곳곳에서 일어나는 가치관의 붕괴현상과 기후 변화현상은 우주적으로는 전환기에 들어섰기에 끼치는 영향과 그간 지구인류들이 자연을 파괴한 것에 대한 지구 자정작용이 함께 맞물려서 이루어지는 것이다. 사람들의 가치관이나 행동이 이전의 윤리의식을 넘어 극으로 치닫는 것도 **큰 의미에서는 정화의 과정이라고 할 수 있다.** 혼란의 시기에 자신의 중심을 잡지 못하고 휩쓸려 간다면 자신을 구제하는 것이 힘들다. 내가 했던 일은 조선 암흑의 시기에 민중들의 길을 알려주고자 했었다. 혼란의 시기에 사람이 해야 하는 일은 내면에 더욱 집중하는 것이다.

나: 혼란스러운 시기가 실제로는 정화의 시기라니 몰랐는데요?

토정: 인류의 역사의 흐름도 인간이 어른이 되는 과정과 비슷하다. 어린 시절에는 아무런 개념조차 정립되어 있지 않아, 주변의 지식과 행동양식을 '스폰지'처럼 흡수한다. 일방적으로 흡수하는 시기가 있다. 이 시기를 배움의 시기라고 한다. 배움의 시기가 지난 후에는 익힘의 시기를 거친다. 그리고 그것을 활용할 시기가 오고, 나중에는 활용한 것들을 다시 수렴하는 시기가 온다. 이후에는 죽음을 준비하고 육체에서 정신으로 질적인 상태 변화를 한다. 마찬가지로 인류의 역사에도 배움의 시기, 익힘의 시기, 수렴의 시기 그리고 도약의 시기(질적 변화)의 시기가 오는 것이다.

혼란의 시기를 수습하고 도약하기 위해서는 무엇이 정도正道임을 깨달아 각자 이탈했던 자리에서 본래자리로 돌아오는 과정이 필요하다. 사춘기에 접어든 청소년들이 어린 시절에는 부모님말씀을 삶의 모든 지표로 삼다가, 청소년기에 접어들면서 외부에서는 오는 가르침이나 과거의 유산이라고 여겨지는 모든 것들에 대해 반발하는 것과 비슷한 이치다. 그리고 나이가 들어가며 연륜이 쌓이고 유연한 태도를 가지게 되면서 세상에 대한 균형적인 시각을 가질 수 있는 것이다. 지금처럼 극으로만 치닫고 정화의 과정을 통해 무엇을 취하고 버려야 할지를 모른 채 흘러만 간다면 현인류에게 희망이 없다.

1. 신성을 잃어버린 인간

나: 그렇다면 우리는 지금 당장 무엇을 해야 할까요?

토정: 다양한 가치에 대한 기준은 어떻게 찾을 수 있을 것인가? 그것은 그 동안 잃어버리고 살았던 **영성의 고리를 찾는 것부터 시작한다. 영성을 반드시 종교적인 것으로 해석할 필요는 없다.** 인간이라면 누구나 마음속에 있는 양심, 자연법, 보편타당한 진리, 인간 본래의 심성을 말한다. 극으로 치닫는 것처럼 보이는 현상의 이면에는 그간 억압되었던 것들이 분출을 하면서 과거의 가치관이라면 무조건 거부하는 심리 속에서 나오는 측면도 있다. 이런 시대에 무엇을 기준으로 삼고, 어떻게 삶을 살아가야 하는지를 알려주는 시대의 어른들이 많이 나와 준다면 혼란스러운 시기를 비교적 용이하게 지나칠 수 있다.

우주에서는 필요의 시기에는 반드시 시대에 필요한 인류의 스승들을 보낸다. 축의 시대에 다른 문화권별로 서로 인적 교류가 없었음에도 성현들이 출현하여 똑같이 '황금률'을 이야기 했다. 현 시대에도 그런 스승이 없으리라는 법이 없다.

그렇다면 또 이런 문제가 발생한다. 어디까지가 진짜이고 가짜인가? 그런 때에는 시간을 두고 지켜보는 수밖에 없다. 시간을 두고 지켜보되, 나를 비우고 판단해야 한다. 이런 때 필요한 것이 통찰력이다. 하지만 스스로를 믿는 것이 어렵기 때문에 우리는 권위자, 학자, 유명인들을 따라하는 것이다. 하지만 언제나 스스로를 믿어야 한다. 그것이 나의 잃어버린 영성과의 고리를 되찾는 길이다. 필요한 때에는 필요한 도움을 주는 것이 우주이다. 다만 거기에는 **내가 바른 방향으로**

나아가는 것을 전제로 한다.

혼란의 시기에는 과거의 구습을 끊어내고 새로운 시대를 창조하기 위한 몸부림이 함께 있는 것이다. 기존에 지속했던 습을 끊어내는 것에 대한 반작용으로 더욱 심한 반발이 오고, 새로운 것이 창조되기 위해서는 전 시대의 가치관과 윤리관이 파괴되는 현상을 겪는다. 조선 전기와 후기가 임진왜란을 전후로 구분이 되는 것도 비슷한 맥락이다. 혼란의 시기를 거친 후 인류는 한층 성숙해진다. 하지만 전환기에는 무엇을 취해야 하고 무엇을 버려야 하는지 방향을 찾지 못하는 사람들이 늘어난다.

혼란 속에 자신의 중심을 찾지 못하고 극으로 치달아 가는 사람들이 있을 것이고, 외려 이런 시기에 정신적인 가치에 대한 욕구가 늘어나, 고전, 철학 등 정신적인 영역에 관심이 높아지는 현상도 일어날 것이다. 길을 모를 때는 소박하고 건전한 삶, 나누고 비우는 삶, 그리고 고전과 인문을 읽으면서 근본적인 질문에 대한 답을 탐구하는 쪽으로 걸어간다면 내 삶이 크게 어긋날 일은 없을 것이다.

2. 소유에서 나눔으로

나: 이런 시대의 교육은 확실히 지금까지와는 다른 방향으로 사람들을 안내 해 주어야 할 것 같습니다.

토정: 앞으로의 교육은 이러한 혼란스러운 시대에 사람들의 마음을 어루만지고 잃어버린 인간성을 회복할 수 있도록 도와주는 방향으로 나아가면 좋을 것이다. 그 동안 경쟁이라는 기치아래 무시되었던 생명을 중시하고 각자가 가진 고유한 능력과 개성을 존중한 교육이 필요하다. 생명을 경외시하거나 배제한 교육은 결국 같은 인간끼리의 전쟁과 폭력을 낳았고 공존보다는 상극으로 치닫는 사회현상을 낳았다.

상생의 가치관을 학교에서 가르치고 함께 이루어내는 것의 기쁨을 알게 해야 한다. 혼자만 성취했을 때 보다 함께 성취하고 성장하는 기쁨은 더 큰 차원에서의 기쁨이라는 것을 맛보아야만 한다. 온갖 노력을 해서 경쟁에서 이긴 사람이 모두를 위해 자신이 성취한 것을 쉽게 포기할 수 있겠는가? 자신이 이룩한 기득권을 유지하기 위해 더욱 노력하는 쪽으로 나아갈 것이다. 인간은 양면성을 갖추고 있다. 다만 그 양면성 중에 어떤 면을 키우는지에 따라 한 사람이 세상에 끼치는 영향은 다른 맥락으로 나타난다.

나: 21세기는 회복의 시대, 잃어버린 영성을 회복하고 자연과의 관세를 회복해야 한다고 하셨지요. 하지만 수십 년간 경쟁 체제의 사회, 교육 속에서 살았던 현대를 살아가는 한국인의 사고방식을 회복하려면 오랜 시간이 필요할지 않을지요? 오랜 세월동안 고착화된 사고방식을 바꾼다는 것은 쉽지 않은 일입니다.

3. 마음의 회복이 필요해

토정: 몸을 이용한 명상과 교감을 한다면 좋을 것이다. 타인과의 경쟁이 아닌 자신과의 대화를 할 수 있는 좋은 기회가 되기 때문이다. 우리나라 고유의 문화를 선仙문화라고 한다. 인간을 사랑하고, 자연을 사랑하고, 하늘을 사랑하는 문화 바로 천지인의 문화가 전통의 선문화인 것이다.

세종대왕이 만든 한글의 창제원리, 조선시대 수많은 의복, 음악, 건축, 세시 풍속 등에 녹아내려 있는 원리가 '하늘-자연-인간'을 하나로 보는 천지인, 한 글자로는 선仙문화이다. 仙문화의 회복은 이렇게 이루어 질 수 있다. 지식의 중시와 경쟁으로 인한 폐해가 커질수록 그 반대되는 가치에 대한 요구 또한 커지는 것이니 그리로 가게 되어 있으며 속도는 깨어나는 정도에 따라 결정될 것이다.

현 교육제도의 전체적인 틀도 바뀌어야 하겠지만 쉬운 일이 아니다. 틀이 잡혀있다고 하는 것은 그와 연관된 많은 것들이 사회망을 따라 촘촘히 자리를 잡고 있으며, 학생과 학부모 역시도 이러한 제도에 오랫동안 익숙해 있다는 것이므로 변화가 시작되면 많은 저항이 일어날 수 밖에 없다. 더 나은 변화를 위한 움직임일지라도 낯선 것에 대해서는 거부감이 드는 것이 당연하다. 또한 미래를 알 수 없으므로 현재가 만족스러운 것이 아니라도 섣불리 바꿀 수 없는 것이다.

결국은 변화를 위해서는 사람들의 인식이 바뀌어야 한다. **인간성의 회복이 무엇에 우선하는 가치라는 것을 깨달아야 한다.** 경쟁위주, 지식위주의 교육의 결과 현재 대한민국에 일어나고 있는 수많은 폐해들이 생겨난 것이라는 것에 공감하고 새로운 흐름을 열어가고자 하는 의지가 일어나야 한다.

이전의 교육이 지식 위주로 된 강제적인 진행 방식으로 초기에는 효과가 있으나 자발적이지 않고 억압된 방식에 의해 결국 사람들은 지쳐버려 어느 순간부터는 수동적인 상태의 사고를 지속하게 되어 대한민국에는 창의적이고 능동적인 사람을 만들어 내는 데에 실패하였다. 이로 인해 각자 무엇을 왜 어떻게 해야 하는지 모르는 상태로 시류에 휩쓸려 개인과 사회와 지구 전체의 위기를 불러 일으켰다.

Ⅲ 현 시대를 진단하다: 교육이 노동이 되어버린 현실

1. 출세위주의 교육

나: 현재 한국의 교육에 대해서는 어떻게 보고 계시는지요?

토정: 현재 교육기관들은 **단기적인 성과위주이므로 학생들에게 공부는 즐거운 것이 아니라 노동이 되고 있구나.** 신성한 배움이 노동이 된 이유는 한 가지에만 있는 것이 아니라 국가의 제도와 사회의 의식이 맞물려 하나의 현상을 만들어낸 것이란다. 현재의 공부는 진정한 의미의 배움이라기보다는 출세를 위한 공부위주이고 그런 연유로 교육의 장이 교육이 아닌 경쟁과 차별로 얼룩져있다.

출세를 위한 구조는 대한민국의 시대상을 반영하는 것이고 이것이 입시위주라는 출세지향적인 교육 형태를 띠게 되면서 각종 입시학원들이 늘어나는 사회현상이 일어났지. 이렇게 된 이유는 시대적 역사를 거치면서 형성된 의식에서 비롯된 것이란다. 대한민국은 별다른 천연자원이 없는데다 20세기 들어 일제강점기와 전쟁을 거치면서 사람들의 의식 속에는 어려움을 극복하는 것, 출세하는 것이 인생의 목표가 되면서 교육구조도 경쟁위주, 지식위주의 방향으로 흘러간 경향이 있다.

나: 가장 큰 문제점은 어떤 점이라고 보시는지요?

토정: 주입식 교육이라는 점 지식위주의 경쟁구조로 이루어진다는 것이지. **교육이라는 것은 사람의 근본적인 부분을 건드려주어야 하는데** 현대의 교육은 사회의 요구를 반영하다 보니 이런 식으로 흘러왔다는 것을 안다. 그러나 이번에 전 지구적인 위기를 겪으면서 알게 되지 않았느냐. 상생하는 방향으로 나아가야지 경쟁하는 방향으로 나아가면 사회적으로 경쟁에서 밀리는 사람들은 사회에서 낙오하고, 패배자라는 인식이 생기니 사회분리 현상을 낳지 않느냐.

경쟁은 서로간의 분리를 낳고, 더 가지게 만들고 너와 내가 다르다는 인식을 낳는다. 결국 자연에 대한 마음가짐도 부를 창출하기 위해 이용해야 하는 대상으로 바라보지 생명을 가진 존재로 바라보지 못하게 되지 않았느냐.

2. 교육 없는 교육, 상실의 시대

나: 저도 안타깝다고 느낍니다. 오늘날 교육은 왜 이렇게 삭막해졌을까요?

토정: 산업이 발달하면서 부를 차지하기 위한 경쟁이 계속되었기 때문이지. 내가 살았던 조선시대에도 문제가 많았지. 그때에는 너무 문리로만 치우쳐 실용적인 부를 쌓거나 과학기술의 발전, 백성들의 의식주를 해결하는 문제에서는 무능했다고도 볼 수 있으니. 그러나 조선으로부터 배워야 할 것은 이것이다. 기본적으로 농업사회에서는 공동체의식이 중요했

단다. 농사라는 것이 혼자 힘으로는 할 수 없고 마을 전체의 도움을 받고 자연의 영향을 많이 받는 것이니까 농부들은 자연의 흐름에 순응하면서 인간과 자연의 삶을 조화시키려고 했었다.

산업사회로 넘어오면서 사람들은 더 많은 정보에 노출되면서 똑똑해졌지. 그러나 똑똑한 사람들은 공동체를 위해 노력 한다기보다는 자신들의 부를 늘리고 또 그러한 구조가 당연시 되면서 인간위주, 물질위주의 세상이 되었지. 이러한 현상은 인간도 자연도 부를 일구기 위한 대상으로 보게 되었기 때문에 인간성 상실이하는 현상을 낳았지. 현재의 교육에 대해 냉철하게 손을 얹고 생각해보면 결국은 입시위주, 출세위주의 교육 아니냐.

이제는 자연과 인간, 인간과 인간 간 그리고 국가 간 서로 공존하고 상생하는 것이 지구라는 별에서 지속적으로 살 수 있는 길이라는 것을 깨닫는 이들이 늘고 있다. 예전세대들은 인권을 위해 싸웠다면 요즘 세대들은 자연과 동물의 권리를 위해 노력하지 않느냐? 그 만큼 사람들의 의식이 확대했다는 것을 보여준다.

그 동안의 틀에서 벗어나 상생하고 공존하는 문화를 창조하고, 새로운 시대를 열어가야 할 때란다. 인류문명은 천천히 발전하다가 어느 순간 폭발적으로 발전할 때가 있는데, 지금이 그 때란다. 사람들의 의식이 폭발적으로 성장하면서 물질적인 만족보다는 정신적인 면, 영적인 면을 추구하게 될 것이다. 이에 맞추어 교육도 변화해나가야 할 것이고, 이미 이러한 변화는 시작되었어.

나: 교육에서 말하다보니, 교육의 근본적인 면에 대해 궁금해졌습니다. 본디 교육이란 무엇인지요?

토정: 근본적인 의미에서 교육이란 태어나고 자라서 죽을 때까지 경험하고 배우고 익히고 느끼고 알아가는 모든 것이 교육과정이다. 타고난 것들이 성장하면서 발현되어 가는 과정과 살면서 배우고 익히는 과정들, 살아가는 것 자체가 교육이다.

지구는 자체로 학교이며 인간의 삶 자체는 거대한 교육프로그램이라는 시각이 필요하다. 교육 문제를 바라 볼 때에는 삶을 통합적으로 바라보는 눈이 있어야 제대로 풀릴 것이며 좁은 시야에서 벗어나 바라보아 삶을 관통하는 한 가지 주제가 본인 삶의 전공이 된다. 내 삶의 주제는 '인간'이었다. 그래서 인간의 모든 것을 파악하고, 인간의 길을 안내하고 구제하는 것 까지 공부 주제가 이어졌던 것이다.

각자가 지구에서의 생을 살아보고자 계획할 때에는 자신의 인생을 관통하는 주제가 있기 마련이며 이를 통해 자신의 소명을 실천하고, 나누고 소통하는 법을 배운다. 인간으로 태어나 가장 보람된 것은 스스로의 격을 변화시켜 인간으로 완성에 이르는 것이지 뛰어난 재능을 가진 것, 돈이 많은 것, 외모가 뛰어난 것과 같은 조건들은 인간으로 자신을 완성하는 길과는 별개의 것들이다.

3. 품성과 지성을 갖춘 인간

사회의 의식이 성장하고 문화가 성숙했을 때는 **인격체의 성품을 갈고 닦고 품성, 지성을 갖춘 인간으로 성장하는 것을 생의 목표로 삼고** 사회 구성원들이 함께 그 길을 나아가도록 노력하겠지만 현재의 대한민국은 그러한 가치기준이 존중받는 곳은 아니다. **교육은 최고의 인간을 만드는 것이 아니라 자립 할 수 있는 인간을 만드는 것이다.** 스스로 문제해결을 하고, 자신의 삶을 꾸려가고, 세상과 소통할 수 있는 힘을 길러가는 것이 교육이다.

우리는 참으로 많은 세월을 획일화 되고 강압적인 교육으로 인해 자신을 잃고 살아왔다. 뒤늦게 자신을 찾고자 했지만 지혜, 사랑, 의지의 부족과 부조화로 많은 어려움을 겪고 있다. 능동적이고 창의적으로 사회와 함께 호흡하는 인간이 되기 위해서는 스스로 생각하고 느끼고 행하는 행동이 자신이 속한 공동체에 어떠한 역할을 하고 있는지 볼 수 있어야 한다. 자신의 책임 하에 자신을 조금씩 바꾸는 태도가 몸에 익숙할 수 있도록 도와주는 학교가 많이 생겨나야 한다.

과거에는 환경이 복잡하지 않아서 인간들은 비교적 순수한 심성을 지니고 있었기에 무엇이 진리이며 가치 있는 것인지를 찾는 것이 어렵지 않았다. 진리는 생각보다 단순한 것이며 내 삶 속에서 찾을 수 있는 것이다. 현재는 수많은 외부

지식과 정보들이 내면에서 전해오는 많은 정보를 방해하는 경우가 많으며, 내면에서 전해오는 정보란 다름 아닌 양심의 소리, 영감, 창의성과 영적인 정보이다.

4. 변화를 일으키기 위한 작은 노력: 머리중심에서 몸 중심으로

나: 변화하는 흐름에 동참하기 위해서는 우리들은 어떤 노력을 해야 할까요?

토정: 머리위주로 살아가던 생활 방식을 바꿀 필요가 있단다. 흙으로 돌아가는 삶을 살아야지. 인간은 자연의 일부이기에 자연의 일부가 되는 경험을 해 보아야 그것이 어떤 의미인지를 깨달을 수가 있으니. 그렇다고 해서 지금 당장 도시에서의 삶을 다 버리고 시골로 가서 농사를 지으라는 말은 아니다.

도시에서라도 옥상이나 베란다에서 텃밭을 가꾸어 보고 자기 손으로 작물을 키워 보면 생명의 경이로움에 대해 경험할 수 있을 것이나. 조그맣던 씨앗이었을 뿐인데 내가 한 일이라곤 그저 물을 주고 햇빛을 쬐어준 것인데 어느 샌가 꽃을 틔우고 열매를 맺는 것을 보면서 보이지 않는 세상이 존재하는 것을 느끼고, 식물과도 교감을 할 수 있다는 것을 느낄 것이다.

내가 필요한 물건을 손으로 만드는 경험도 해 보면 좋지. 간단한 탁자나 옷, 가방 같은 물건들은 초보자들도 도전해 볼 수 있는 분야 아니냐. 그렇게 스스로의 힘으로 무언가를 만들어 내는 경험은 인간에게 잠재된 창조의 힘을 일깨우고 생명이 없는 존재라고 여겼던 사물에게도 애정이 싹트면서 교감이라는 것은 생명체하고만 이루어지는 것이 아닌 사물과도 할 수 있다는 것을 경험하게 될 게다.

사물과 나에 대한 관계정립을 새롭게 해야 할 때이다. 과거 우리들은 자신이 쓸 물건정도는 스스로 만들어서 쓰곤 했다. 자신이 직접 만든 물건에 대한 마음가짐이 어떠한가? 단순히 유행에 따라 가게에서 사는 물건들에 대한 마음과는 다를 것이다. 자신이 만든 것에는 자신의 노력과 정성이 들어간 물건이라 애착이 생겨서 쉽게 버리지 못한다. 그리고 나만의 개성이 들어간 물건이다. 별 것 아닌 경험 같지만 자신의 신체를 이용해 물건을 만들어 보는 경험을 하면서 사물에 대해서 나의 일부인 것과 같은 애착을 형성하고, 때때로 소지품의 모양을 변형시키면서 버리지 않고 오랫동안 쓸 수 있다.

예전에는 잘 만든 물건이면 쓰던 것이라도 물려주는 예가 흔했다. 물자가 부족해서가 아닌, 물건에 대한 나의 마음가짐이 바뀌면서 앞으로, 사물을 대하는 태도도 좀 더 인간적이고 따뜻한 마음가짐으로 바뀌어야 할 것이다.

의식주에 대한 가치관도 변화될 필요가 있다. 현대인들이 생각하는 의식주에 대한 가치관은 어떤 것일까? 집이란 내 몸과 마음을 편안하게 누일 수 있는, 충분히 쉴 수 있는 공간이어야 하는데, 재산증식을 목적으로 집을 구매하는 경우 그 집과 나와의 관계에 어떤 무형의 교감이 일어날 수 있을까? 사물이라고 해서 아무렇지 않게 대해야 하는 것이 아니다.

무생물일지라도 인간들의 눈에 보이지는 않지만 호흡을 하고, 좋은 곳에 좋은 목적으로 쓰이고 싶은 '소망'이 있다. 오래된 집이어도 사람이 그 속에 살면서 쓰고 있는 집보다 빈집이 쉽게 허물어지는 이유가 무엇인지를 생각하면 쉽다. 세상에 존재하는 모든 것들은 교감을 원한다.

나: 교감의 영역이 생명체뿐만 아니라 사물에게도 확대된다는 점에 정말 공감해요. 제 손때가 묻은 물건은 애정이 깃들어서 그런지 쉽게 못 버리겠더라고요.

토정: 그래. 머리만 주로 쓰다가 내가 직접 무언가를 만들어보고 그 대상과 교감을 하면서 내면에 있는 창조성과 사랑이 싹트는 것을 느낄 것이야. 사랑이 흘러야 생명력을 가지게 되는 것이다. 그렇게 되면 자연즉 공동체 의식이 생기고 나라는 존재가 태어나서 세상에 무엇을 하면 좋을지를 몸으로 느낄 수 있게 된다. 머리로만 혹은 지식으로만 이루어진 세상에서는 그러한 생명력을 가질 수가 없다. **깨달음이란 온 몸으로 오는 것이라는 것을 잊지 말아라.**

5. 변화의 흐름은 다가오고 있어

나: 그러고 보면 세상이 변화 하는 것이 보입니다. 예전에는 단순히 돈이 많은 사람, 출세하는 사람에 대한 동경이 컸다면, 물론 그러한 흐름이 없는 것은 아니지만 요즘 사람들이 좋아하고 동경하는 사람들의 특징은 이전 시대와는 다르거든요.

예를 들어 김연아 선수, 많은 사람들이 좋아하죠. 피겨스케이팅의 불모지에서 한국 올림픽 역사상 전무후무한 금메달을 땄기 때문에 유명해지기도 했지만 사람들이 감동을 받는 이유는 그녀가 자신과의 싸움을 극복한 과정이 감동을 주었기 때문인 것 같아요. 단순히 누군가를 이기고 금메달을 땄기 때문이 아니라요.

그리고 전 국민적인 사랑을 받는 개그맨인 유재석씨도 사람들이 좋아하는 이유가 사람들의 이야기에 공감을 잘해주고 따뜻한 마음씨를 가졌기 때문이 아닌가 싶어요. 또 배우 윤여정씨는 '미나리'라는 영화로 올해 아카데미 시상식에서 여우조연상을 수상했어요. 수상소감에 감동을 받았는데요.

> *'저는 경쟁을 믿지 않습니다. 우리는 각자 다른 영화에서 배역을 연기했고 모두가 각 영화자의 승리자입니다. 오늘밤 저는 운이 좀 좋아서 여기 있을 뿐입니다.'*

그녀의 수상 소감은 그 날 한 자리에 있던 다른 조연상 후보자들 뿐 아니라 저처럼 TV로 시청하던 사람들의 마음에도 잔잔한 감동을 주었답니다. 요즘은 인품이 뛰어난 사람을 동경하고 매력적인 사람이라고 생각하는 것 같아요.

토정: 그렇지. 경쟁을 해서 이기는 것은 순간적인 기쁨은 있어도 오래가지는 못할 것이다. 앞으로 사람들은 누군가와 싸워서 이기고, 다른 이와 경쟁해서 무언가를 얻는 것 보다는 자신을 극복하는 것, 모두가 함께 잘 살 수 있는 쪽으로 세상을 선도하는 사람을 매력적으로 보게 되면서 그러한 인간상이 세상에 대두되면, 교육방식도 변화가 있게 될 것이다.

지친 학생들의 마음을 치유 할 교육이 이루어져야 한다. 그것은 반드시 몸을 움직이고 손발을 쓰면서 이루어져야 하는데 적절한 예술치유, 체육활동, 문화 활동을 하면서 나아질 것이다. 사실, 교육이라고 함은 일정한 시기에 학교에서 이루어지는 것만이 아닌 인생 전반에 걸쳐 일어나는 일이다. 경쟁위주의 세상에서 지친 것은 비단 학생들 뿐 만이 아니라 현대인 모두라고 할 수 있다.

나: 그러고 보니 교육이라는 것은 일정한 나이가 되면 의무적으로 학교에 가서 받는 것이라는 정도로만 생각했지 깊은 의미는 생각지 못했어요. 지상을 떠난 지금 한층 다른 위치에서 지상의 교육에 대해 생각이 드실 것 같은데, 어떻게 생각하시는지요?

토정: 우주에서 바라보는 지구는, 그 자체가 하나의 수련별, 혹은 학교라고 할 수 있단다. 지구라는 곳을 들어서는 순간 전의 기억은 다 지워지니까 기억을 못하고 있지만 수 많은 존재들이 지구라는 곳에 가는 이유는 재교육이나 수련을 위해서지. 나 또한 지구에서 한 생을 살면서 우주에 필요한 많은 것들을 공부한 적이 있었다.

나: 선생께서 했던 공부는 무엇을 위해 필요했나요?

토정: 너도 알다시피 나는 기관에 가서 공부를 했다기보다는 간단한 것은 어릴 때 집에서 책으로 공부를 했고 좀 더 커서는 전국을 발로 뛰고 돌아다니면서 직접 지식을 온몸으로 익혔지. 그래서 나에게 있어 선생은 자연이라고 할 수 있단다.

나: 그야말로 스스로 찾아서 공부한 격이군요.

토정: 아까도 잠깐 언급했지만 과거를 봐서 벼슬자리에 나아가는 것이 당시 양반들의 일반적 행로였다면 내 길은 그것이 아니었기에 스스로 찾아 공부를 했던 것이지. 조선의 선비들은 이런 식으로 필요한 것을 주도적으로 공부한 경우가 많다. 그런 공부가 출세와 관련이 없음에도 말이다. 내가 살았던 16세기 중반에는 사상적으로 풍요로운 시기였지. 유교 경전을 기본으로 풍수, 지리, 천문, 의학, 산학 등 다양한 과목을 공부하고 우주의 운행이치를 깨달을 수 있었으니까.

나: 그런 것을 보면 새로운 생각이라는 것은 기존의 틀에서 벗어나야만 보이는 것 같아요. 틀 속에 있을 때에는 그 세계만이 전부라고 생각하니까요.

토정: 그런 부분이 있지. 역사적으로 새로운 시대의 흐름은 항상 경계인으로부터, 혹은 변방에서부터 불어왔으니까. 그러니까 항상 밖의 흐름에 열려있어, 함께 나아가는 개방성이 필요한 것이지. 그렇지 않으면 억지로 문호를 개방한다거나, 무력으로 지배를 받아야만 변화를 할 수 있는 거니까.

나: 의미심장하네요.

토정: 변화의 바람은 어차피 불어올 것이다. 강제로 변화를 당할 것인지, 아니면 스스로 변화를 불어 일으킬지, 선택은 자신이 하는 것이다.

나: 선생은 스스로 시작한 것이지요. 우리는 천재의 정의에 대해 협의적으로만 생각하는데, 실제로는 많은 선인들, 토정 이지함 선생 같은 분들이야 말로 시대의 틀로는 담을 수 없었던 천재라는 생각이 듭니다. 친재이면서 인품이 뛰어난, 인류의 스승 같은 존재였었죠. 많은 사람들이 천재의 창의적인 생각을 부러워하는데요, 창의성은 어떻게 길러지는 것일까요?

토정: 창의성은 어떤 것을 새로 만들어 내는 능력을 말하지 않으냐? 철저히 몰입해야지. 내가 생각하는 주제에 철저하게

몰입해서 그 것을 해결하는 것 자체에 기쁨을 느낀다면 나는 창의적인 인간이라고 할 수 있지. 또한 다르게 보기로도 가능한데, 한 가지 사안을 두고 이 사람 입장에서도 저 사람 입장에서도 생각하는 버릇을 들이는 것도 창의성을 높일 수 있단다.

나 같은 경우는 전국을 발로 직접 다니면서 다양한 자연환경을 접했고, 그 자연 환경에 따라 사람들의 의식이나 생활방식이 달라지는 것을 보았다. 그래서 모든 것이 절대적일 수는 없고 상대적일 수밖에 없다는 것을 깨달았지. 이쪽에서의 기준이 저쪽에서의 기준이 아니라는 것을 말이다. 다르게 생각하기, 비틀어 보기, 속해있되, 속해있지 않은 마음가짐을 가질 수 있게 노력해보게.

IV 조선의 가학家學, 수백·수천 년을 내려온 지혜

토정: 요즘 사람들이 간과하고 있는 것은 언어로 전달되는 정보에는 한계가 있다는 것이다. 조선시대에도 학교는 있었지만 대부분의 지식은 가학家學으로 이어졌다. 특히 양반가에서 대대로 전해 내려오는 지식의 양은 상당했는데 그도 그럴 것이 짧게는 수백 년에서 천년이상의 가문의 역사를 지나면서 선대로부터 전해지는 유물, 지혜의 말씀, 경전, 고대로부터 비전되는 호흡법 등이 있었다. 어린 시절에는 할머니의 품안에서 살과 살을 마주대하면서 인간사이의 '정'이라는 것을 습득하고, 할머니가 해 주시는 옛날이야기를 들으며 선대의 지혜를 흡수하고, 자라면서는 형제들이 서로의 스승이면서 친구이고 '라이벌'이 되어주면서 공부를 했다.

가학이 중요했던 것은 언어로만 전달되어지는 것은 전체정보의 30%에 지나지 않는다. **비언어적인 형태로 전달되는 정보가 훨씬 많다는 뜻이다.** 눈빛, 공기, 분위기, 문맥을 통해서 인간은 또한 많은 정보를 습득한다. 그리고 경험을 통한 깨달음이나 지혜를 인공지능이 어떻게 인간에게 진수를 해줄 수 있겠는가?

그간 인류가 쌓아왔던 지식을 전해주는 것은 할 수 있겠지, 그러나 인간의 교육 속에 반드시 포함되어야 할 것은 감화되는 과정이 있어야 한다. 그것은 '감정'과 '감각'을 가진 인간만이 할 수 있는 영역이다. 아무리 인공지능의 감정을 인간과 유사하게 만든다고 하여도, 감화를 시킬 수는 없다. 그것은 수십 년, 수백 년간 몸에 축적한 지혜의 깊이가 있어야만 가능한 일이다. 몸에서 몸으로 전달되는 무언가가 있다.

현대인들이 생각하는 것과 달리 조선시대에는 나이로 선·후배를 가르고 지위의 고하에 따라 어울리는 부류가 정해져 있었던 것은 아니다. 오히려 다양한 연령층의 사람들이 함께 일을 하거나 공부를 하면서 친해졌고 평생친구가 되는 경우가 드물지 않았다. 서열문화, 조직문화는 조선시대에 비롯된 문화가 아니다. 조선시대에 사람을 평하는 데 중요한 요소는 가장 먼저 품성과 학식이었다. 안타까운 점은 조선의 아름다운 미풍양속들이 일제강점기와 전쟁을 거치면서 그 유산이 단절되었다는 점이다. **세대를 거쳐서 전달되는 미풍양속은 반드시 사람을 매개로 한 문화적인 형태로 익혀야 다음 세대에 전달될 수 있는 것인데, 그 흐름이 끊어진 것이다.**

요즘 교육에서 모자란 품성교육이라던가 자연의 이치를 공부하는 측면에 있어서는 조선시대의 교육방법들을 참고해 봐도 좋을 것이다. 두레, 향약 같은 공동체 문화를 되살려 내는 것도 좋고 말이다. 과거라고 해서 가치가 없는 것이 아닌, 오랫동안 지속가능한 문화를 만들 수 있었던 것엔 이유가 있으니까 그런 것을 찾아 오늘날에 맞게 내어놓는 것도 너희들이 할 일이다.

나: 우와! 조선시대니까 구식일거라고 생각했는데 인문학적 관점으로 조선시대를 바라보니 문화적으로, 학문적으로는 굉

장히 풍부했을 거란 생각이 들어요. 하긴 조선의 천재들은 학문의 깊이와 넓이가 어마어마했다고 하니……. (예전에 도올 김용옥 선생의 정조이산 강의를 들으러 간 적이 있는데, 그는 자신은 노년의 나이에 이르렀음에도 아직까지 정조이산의 학문의 깊이에는 따라갈 수가 없다고 말한 적이 있다)

토정: 당시 선비들이 엄청난 양의 공부를 소화할 수 있었던 것도 그렇게 경전과, 인문고전을 읽다보면 그것이 '임계치'에 도달했을 때 사고가 이전과는 상상할 수 없을 정도로 폭발적으로 향상하게 된다. 게다가 선비들의 공부과목 중에 만행, 즉 직접 산천을 둘러보면서 우주원리를 익혀가는 것, 그리고 책을 펴내는 것, 자신이 공부한 것을 집성하여 펴내는 것이 있었단다. 그러니 다양한 분야에 통달하여 높은 수준에 올랐던 분들이 많이 있었단다.

요즘은 인재들이 서울에 몰린다고 하지만 그 시절에는 아무도 찾지 않는 촌구석에서 재야의 고수들이 많이 있었지. 그리고 유배지로 귀양 간 선비들이 많아, 그들을 통해 지방의 유생들도 최신의 학문을 익힐 수 있는 기회가 있었단다.

나: 저는 현대인들이 더욱 발전된 시대에 사니까 과거 사람들 보다 현대인들이 훨씬 똑똑하다고 여겼는데 반드시 사실이 아니라는 생각이 드네요.

토정: 현대에는 대다수가 교육의 혜택을 받고 있잖니. 그것은 조선시대보다 나아진 점이지. 내가 살던 때에는 현재와

같은 공공교육시설이 드물었지. 교육이란 것은 그나마 양반가, 혹은 중산층 이상의 양인들에게 가능했고 대부분은 제대로 된 교육을 받지 못하고 일찌감치 노동현장에서 부모가 하는 일을 보면서 가업을 이어받았단다.

학교는 없었지만 마을공동체 속에서 절로 교육받는 측면도 있었단다. 이것이 주로 품성교육의 영역에 해당되지. 아이들과 어울려 놀면서 마을 인근에서 농사짓는 어른들을 보면서 어른들의 일을 돕기도 하면서 함께 하는 삶이 무엇인지를 체득하는 것이지. 그때에는 마을의 아이가 우리들의 아이이고 마을의 어른이 우리 엄마이자 아빠역할을 하지 않았느냐.

우리나라 말에 '우리'라는 단어가 유독 많이 쓰이는 이유를 알겠지. 너와 나의 구별이 없다는 의미였다. 하지만 현대에 와서 공동체의식은 전체주의, 조직주의로 변질되어 전체의 이익을 위해 주로 약자가 희생하는 형태로 전체조직이 운영되는 경향이 있더구나.

1. 우리가 가야할 길, 선택이 아닌

인간이 태어나는 이유는 사회화를 통해 서로 협력하고 상대적인 가치를 배우고 그것들을 서로 조화해서 한마음으로 나아가는 법을 배우기 위해서란다. **나아가는 방향은 만물의 진화라고 할 수 있지.** 지구에서 인간의 역할은 지도자인데, 만물의 영장이라고 하지 않느냐? 그 위치를 부여한 것은 지구의 만물들을 잘 이끌어서 지구라는 별을 잘 운행해보라는 뜻이었는데 똑똑한 머리로 오히려 지구의 골칫덩이(이것도 약한 표현이다)가 되어버린 게 현실이지.

나: 흠, 아까 교육의 근본적인 의미에 대해 얘기를 나누었습니다만?

토정: 그렇지, 흠흠. 얘기를 나누다보면 왔다 갔다 하기도 하는 법이란다. 교육의 근본적인 의미를 생각하기 위해선 우선 인간이란 어떤 존재인지, 나라는 존재는 어떤 존재인지를 알아야 해. 즉, 인간의 영적인 측면 혹은 정신적인 측면을 간과해서는 안 된다는 뜻이지.

현재 팬데믹 시대(이 글을 처음 쓰기 시작한 때는 2020년이었다)를 맞이하여 학생들이 학교에 가지 못하고 집에서 수업을 듣고 있지 않니? 위기상황 때문에 비롯된 새로운 방식의 교육으로 인해 사람들의 의식이 깨어나면서 다른 방식의 교육을 원하는 흐름이 생길 게다.

개인의 특성이나 개성에 좀 더 집중하는 교육에 대한 요구가 일어나며 스스로 이에 대한 정보를 찾고 습득하는 자발적 교육이 이루어질 것이다. 전에는 그저 주어진 틀에서 이루어진 교육을 받아들이는 단계였다면 혼자 있는 시간이 늘어나면서 자신이 주도하여 스스로 학습하는 교육방식을 선호하는 흐름이 생길 거라는 이야기이다. 이전에도 이런 흐름은 있어왔지만 지금은 위기가 전 지구적인 흐름으로 다가왔기에 좀 더 큰 움직임을 만들 것이라는 이야기이다. 그런 움직임이 일정기간 계속되면 세상의 틀은 새로이 개편될 것이다.

나: 예, 그것을 가지고 현대인들은 '시대의 패러다임이 변화했다'라고도 표현합니다.

토정: 시대의 세계관이 변화하는 것은 인류의 역사가 다음차원으로 넘어간 것으로 해석해도 된다. 이러한 흐름은 발맞추어 교육은 각 개인의 특성에 맞는 일대일 교육이 선호되겠지. 각 인격체가 가지는 특성을 가장 잘 발휘할 수 있도록 말이지.

앞으로는 규격화된 교육과 더불어 개인에게 특성화된 교육에 대한 요구가 일어나겠지. 그 과정에서 사람들은 자신에 대해 좀 더 집중하고 자신만의 개성이나 특성을 깨달을 것이다. 바로 '나는 누구인가'에 대한 기초정보를 아는 것이라고 할 수 있지.

지금의 인류는 지난 세기 인간이 했던 것을 되돌아보고 많은 부분 회복을 해야 할 때란다. 자연의 회복, 인간성의 회복, 관계의 회복 등등. 이상적으로 들릴지는 모르지만 이러한 노력들이 수반되어야 앞으로 시대를 잘 헤쳐 나갈 수 있을 것이다. 회복된 인간의 마음속에 본래의 사랑이 싹틀 때 세상을 보는 눈이 달라진 것을 느낄 것이야. 마음속에 사랑이 생기면 내가 속한 세상을 위해 무엇을 해야 할 지도 명확해지겠지.

그간 인간이 했던 영역을 인공지능이 대체하더라도 그 시대에 지배당하지 않고 세상을 능동적이고 창의적으로 살아가기 위해서는 인간이 본래가진 사랑을 회복해야 한단다. 내가 살았을 때 했던 일들은 모두 사랑에서 비롯된 것이지. 사랑에서 창조가 생기고 누구나 가지고 있는 이 마음은 기계로는 절대 대체될 수 없는 영역이란다. 과거의 아름다움이 회복된 지구별을 후손에게 기대한다.

2. 과거에 묻다. 21세기에 더욱 필요한 조선의 선비교육

변화하는 시대의 흐름에서 보듯 21세기의 교육은 지식습득 위주의 20세기의 교육과는 달라져야 한다. 그것은 스스로 생각하고 판단하는 힘을 길러야 한다는 것이다. 지난 세기 교육이 간과한 것은 인간이 육신뿐만 아니라 영혼을 가졌다는 것이다. 인간을 사물로 바라보는 태도로 인해 머리만 비대하게 커지고 가슴과 실천력은 떨어지게 된 것이다. 현대에 발생하는 많은 문제들은 가슴의 따뜻한 온기를 잃고 실천력을 잃은 상태에서 의식만 커졌기 때문이다.

문제를 일고도 눈감아 버리는 양심불량과 책임지지 않으려는 태도는 머리와 가슴 그리고 그것을 실행하는 의지가 조화를 이루지 못했기 때문에 나타난 결과이다. 많이 아는 것이 의미를 가지기 위해서는 의지가 뒷받침 되는 앎이어야 하며 그것은 몸으로 부딪쳐 실천력을 키운 후에 그 경험에서 싹튼 지식이 지혜가 되어 물처럼 아래로 흐르는 것이다.

오늘날 교육에는 그러한 살아있음이 결여되어 있지. 지금과 같은 입시구조로 가는 한 교육제도는 바뀌기는 힘들 것이다. 과거 나의 행적에 비추어 현대에 필요한 교육은 역시 현장 경험이 추가되어야 한다고 할 수 있겠지. 현장에서 듣고 배우는 것은 이론적으로 아는 것과는 차이가 있으니까. 어떤 일에 대한 결과가 수치상으로 나왔다면 그것은 이미 과거의 일인 것이며 그 수치를 읽고 있는 당시에도 현실은 변화 중일 것이다.

그러므로 이론으로 공부한 후에는 반드시 현장을 둘러보는 경험이 필요하다. 이론을 쌓음으로써 현장을 더욱 세밀하게 볼 수도 있고 문서로는 다 담지 못한 현장만의 움직임을 익힐 수도 있을 것이다. 지식습득이 중요하지 않다는 이야기로 비춰지지 않았으면 한다. 지식의 습득은 인간에게 인식의 틀을 만들어준다는 점에서 중요하다. 다만, 현대의 교육은 현장이 너무 간과되는 측면이 있기에 하는 말이다.

두 번째로는 한국적 가치를 복원하라는 것이다. 현대사회는 변화하는 속도가 내가 살던 조선과는 비교할 수 없을 정도로 빨라졌다. 그래서 학교에서 배운 지식이 학교 밖에 나왔을 때에는 더 이상 통용되지 않는 경우가 생길 것이다. 지식의 습득이 20세기 교육의 목표였다면 21세기는 스스로 생각할 수 있는 힘을 길러야 변화하는 시대에 적응이 용이할 것이다. 변화하는 시대에는 어떻게 살아가고 어떤 선택을 해야 할지 알 수 없을 때 내 속에서 생각하는 연습이 되어 있지 않다면 좌표를 잃고 부유할 수 밖에 없다. 그렇다면 어떻게 사고하는 법을 기를 것인가?

그것은 역시 인문, 고전 속에 있다고 생각한다. 오랜 세월을 살아남은 가치에는 분명 배울 것이 있으니까. 우리네 전통적 가치와 철학을 공부할 때이다. 산업화 시대를 맞이하여 서양의 합리적인 문화로 기준을 세우면서 본래 자신의 문화는 잃어버린 감이 없지 않다. 특히 한국은 그간 일제강점기, 6.25전쟁, 산업화과정은 한 세기 만에 빠르게 거치면서 본래 한민족이 가졌던 문화나 의식, 사상들이 일상 속에서 많이 사라졌다. 하지만 수천 년 동안 지속되었던 우리네 문화에는 지속 가능한 역사를 이어갈 수 있었던 지혜가 녹아있다.

세 번째로는 몸과 정신의 조화로운 교육이 필요하다는 것이다. 정치나 경제가 안정된 후에 사람은 먹고 사는 문제에 벗어나 인간의 본질적인 문제에 관심을 가지게 된다. 즉, 인간의 영적인 측면에 대해 생각할 것이다. 나는 누구인가 혹은 내가 태어나서 세상에서 무엇을 할 것인가에 대한 문제이다.

조선시대에서 현대사회가 가진 문제에 대한 답을 구할 수 있을 것이다. 붕당정지나 외척세력의 발로 때문에 조신시대 정치에 대해 부정적인 시선이 있다는 것을 안다. 그러나 조선사회를 좀 더 폭넓게 바라보면 동시대에 이렇게 훌륭한 문치국가(文治國家)를 이룩한 나라도 없다는 것을 알아야 한다.

흔히 조선의 선비들이 유교경전만 공부했다고 생각하는데 그

것은 편견이다. 대개 선비라는 사람들은 유교경전을 기본으로 하여 천문, 지리, 역, 풍수, 불교, 한국 본래의 선仙사상까지 폭넓게 공부했으며 겉으로는 유학자의 모습을 하고 있었지만 좀 더 깊이 들어가면 광활한 사상을 가지고 있었으며 마음과 몸의 조화를 위해 심신 수련을 위해 노력했단다.

명문가에는 고래로 내려오던 호흡 수련을 하는 동시에 검술을 익혔으며 동시에 학문을 겸비하면서 문(文)과 무(武)의 일치를 이뤄내기 위해 노력하였다. 역사적으로는 사건 중심으로 서술하는 경향이 있어 실제 선비의 삶의 모습, 선비들의 교류방법, 문화 측면은 후손들에게 제대로 전달이 안 된 측면이 있다. 이러한 문화가 지난세기 한국이 급변한 변화를 겪지 않았더라면 삶 속에서 자연스럽게 후손에게 전달되었을 테지만 현재의 삶 속에서 찾아보기 어려운 것이 현실이다.

후대에는 조선이라는 나라가 허약했다고 생각할지 모르겠지만 무력의 권위에 기대에 통치하는 것 보다 문치(文治)의 방식으로 나라를 이끌어 간 것은 한 단계 진화한 형태의 통치방식이며 불교나 유교가 보급되기 전 고대사회의 한국은 원탁회의나 만장일치제 같은 끊임없는 토론과 협의의 과정을 거쳐 의사결정을 했다는 점은 다른 나라에서는 찾아볼 수 없는 문화이다. 유학자로 불리우던 선비에 대해 세상물정 모르는 '샌님' 이라는 인식도 있겠지만 그것 역시 선비의 진짜 모습은 아니다.

본래적 의미로 선비란 문과 무를 골고루 갖춘 사회의 지식인이자 지도자를 일컫는 말이었다. 이런 선비들이 나라의 어려움이 닥쳤을 때 가장 먼저 달려가 싸웠으며 그 예는 우리나라 의병역사 독립운동의 역사를 살펴보면 알 수 있을 것이다. 몸과 마음을 조화시키는 교육이 중요한 이유는 이렇듯, 몸과 마음의 조화가 되었을 때 자신이 생각하는 것을 실천하는 것이 쉽기 때문이다. 머리만 앞서면 행동이 부족하고 행동만 앞서면 끝이 허술해진다.

현재의 교육은 서로 경쟁하는 구조이다. 누군가 승리하고 누군가는 도태되고. 교육은 인간을 더욱 인간다울 수 있게 해야 한다. 앞으로는 의식이 확장된 사람들이 서로 토론하고 연대하면서 새로운 교육 형태를 찾기 위해 노력할 것이다. 21세기의 삶은 전 시대와 달리 변화가 잦기에 더 이상 한 가지 방법의 교육형태만으로는 다양한 사회적 변화에 대처하는 것이 어렵기에 자연스레 다양한 교육방법이 나올 것이다.

과거로부터 현대가 잃어버린 인간성 회복, 공동체를 생각하는 마음, 협동정신, 천지만물을 생명체로 대하는 태도를 겸비했던 교육방법을 다시금 복원해야한다. 답을 찾아가는 과정은 항상 사신으로부터 비롯되어야 한다는 것을 잊지 말거라.

3장. 조선최초의 미래학자
토정 이지함, 인간학人間學을 말하다

I 토정 이지함, 세상을 구제하기로 결심하다

토정 이지함 선생이 살았던 시대는 외척세력이 정권을 잡고 어린 명종은 그저 문정왕후가 시키는 대로 정사를 봐야했던 허수아비 왕이었고 실세는 문정왕후를 위시한 외척들이었다. 연산군 때에는 두 차례의 사화가 일어나면서 수많은 선비들이 유배를 가거나 죽임을 당했다. 너무 많은 선비들이 죽어서 정국을 제대로 돌볼 수 없을 정도였다고 한다.

폭력적인 연산군의 압정은 도 다른 폭력을 낳았고 중종반정이 일어났다. 중종은 말 그대로 자고 일어났는데 왕이 된 케이스였다. 하지만 중종시대에도 역시 사화는 이어져 기묘사화가 일어나고 선비들은 줄줄이 귀향을 가거나 죽임을 당했다. 이로 인해 정권은 말할 것도 없고 백성들의 삶도 도탄에 빠진다.

토정 선생이 처음부터 벼슬로 나아가는 길을 포기한 것은 아니었다. 하지만 앞서 말한 시대적 상황 속에 그저 앉아서 공부만 하는 것을 자신의 길이라고 생각하지는 않았던 것 같다. 바른말을 했단 이유로 처형을 당한 벗, 안명세와 훈척세력들이 권력을 차지한 상황에서 조정에 들어간다고 한들 제대로 뜻을 펼치기가 어려웠다고 판단한데다가, 마침 자신의 집(장인이 역모죄를 입었음)에 불어 닥친 일 때문에 집안 식구들을 피신시키고, 자신도 안전을 도모할 수 없으니, 한양을 떠나 잠행생활을 시작했다.

토정 이지함은 실로 천문, 지리, 병법, 의술, 역학, 산학에 이르는 다양한 분야의 학문을 공부했고 통달했다. 그의 노력은 잠행시절에 구체화 되는데, 당시 시대적 분위기는 선비라도 주자성리학 뿐만 아니라 다양한 학문을 공부하고, 각 분야의 전문가가 다양했다고 한다. 그래서 다양한 사상가도 출연했으며 특히 점술, 도학에 밝은이들이 많이 있었다. 그러자 인조반정을 거치면서 사상계는 점점 보수적으로 흐르면서 주자학만을 정학으로 여기는 분위기가 강해졌다.

토정선생이 처음부터 과거에 관심이 없었던 것은 아니었던 것 같다. 왜냐하면 형인 이지번이 1546년 39세에 진사시에 합격하자 그도 이듬해 과거시험을 보기로 결심한 것을 보면 말이었다. 하지만 이것을 두고 그가 과거에만 몰두한 선비들과 맥을 같이한다고 봐서는 안 된다. 그는 항상 실질적인 차원에서 제도를 정비하고 나라를 살릴 방도를 마련했던 경세가였다.

그의 학문도 '경'을 기본으로 하면서 나라살림에 필요한 학문을 두루 익히고 발로 뛰면서 직접 확인하고 독자적인 체계를 쌓아나갔다. 과거를 준비한 것은 벼슬을 하게 되는 경우 그간 자신이 직접 공부하고 익힌 것을 시험해 볼 수 있는 기회를 가질 수 있기 때문이었지 벼슬아치가 되는 것 자체가 그의 목적을 아니었다. 그러나 친구 안명세의 옥사와 뒤이어 장인이 역모사건에 휘말려 희생되면서 그는 출사를 완전히 단념하게 되었다.

보통 사람이라면 자신의 소신을 펼칠 기회가 봉쇄될 경우 실의에 빠져 세월을 보내겠지만 그는 이 기회를 오히려 민중의 삶 속으로 더욱 깊이 들어가는 계기로 삼고, 자신의 방식으로 세상을 구제하기로 마음먹는다. 그리고 그는 5년 동안 전국 방방곡곡을 다니면서 천문, 지리를 익히고 한양에 올라온다. 그가 한양에 와서 처음으로 한 일은 마포에 토정을 짓는 것이었다.

토정 이지함의 시대 대부분의 처사들은 속세의 어지러움을 피해 산림에 거처하며 시대의 어수선함을 피해 제자들을 길러내면서 살아갔지만 이지함은 한 곳에 머무르면서 학문을 하거나 제자를 길러내는 것에 만족하지 않고, 전국을 발로 뛰어다니면서 백성들을 살릴 수 있는 구체적인 방안을 연구했다.

마포에 토정을 지은 것도 직접적으로 백성들의 삶을 도울 방안을 생각하다 나온 고책일 것이다. 자신이 틀 속에 매여 있지 않은 사람이기에 당시 사람들은 생각지 못할 파격적인 방법으로 일종의 마음&심리상담소(라고 쓰고 사실은 생의 전 분야에 걸친 상담소)를 오픈하였다. 그는 물질적으로는 백성구제할 사업들을 시행했고, 걸인청을 세웠으며 정신적으로는 토정비결, 사주, 관상을 보면서 도움을 주었다.

당시에도 실천을 강조한 흐름은 있었다. 남명조식계열의 선비들이었다. 그들이 강조한 실천이란 철저히 선비라는 신분적인 질서 속에서의 실천 이었다 그래서 백성들을 구할 방도를 구체적으로 연구하거나, 어떻게 민생을 안정시킬 수 있는지에 대해서는 관심이 없었다. 당시에는 16세기를 통틀어 거의 유일하게 토정 선생만이 민중의 삶 속으로 깊이 들어가 실질적으로 그들의 삶을 개선시킬 수 있는 방법을 연구하고 실천하였다.

현대인의 관점에서 보면 토정 이지함이 특이할 것이 없지만 당시로서는 양반이 그 세상의 세계관, 질서를 뛰어넘어 저렇게 행동했다는 것은 상식을 넘는 것이었다. 오늘날 관점으로 바라보았을 때 이지함의 의견들이 조정에 받아들여지지 않은 것들에 대해 안타까운 마음이 들겠지만, 그 시대의 눈으로 봐서는 이지함이 독특한 인물이었던 것이다. 조선 시대에 유교의 틀을 벗어난 인물들은 하나같이 외로운 길을 걸어가야 했거나 그도 아니면 혹세무민이라는 죄명으로 제대로 된 삶을 살기가 어려웠다.

그럼에도 역사를 공부하는 입장에서 바라보았을 때 어려움의 시기에는 어려움을 해결할 수 있는 인재가 반드시 세상에 나와 있다는 것이다. 현재의 눈으로 보았을 때는 파격적인 주장을 하는 것으로 보이고 미치광이처럼 보일 수도 있지만, 실제로는 그 주장을 귀담아 듣고 당장 행동해야만 시대의 병증을 고칠 수 있는 방법이나 그 생각들은 사장되고 몇 세기나 지난 후에야 그 사상을 이해하는 후인들이 나와 명맥을 이어갈 뿐이다.

현대를 살아가는 우리들은 과거와는 달리 알고자 하면 어떻게든 정보들이 개방되어서 알 수 있는 시대에 살고 있다. 예전 사람들과는 달리 스스로가 자신을 깨우고, 어떻게 행동할지를 정할 수 있는 시대이다. 부디 시대의 흐름에 깨어있어 시대의 병증을 고치는 데 보탬이 되길 바란다.

그의 행위를 한마디로 요약하자면, '중생구제'였다고 할 수 있다. 현대적인 의미로 그의 행적을 해석하면 사회사업가이자, 복지가, 미래학자이면서 철학자이자 행정가였던 셈이다. 사실, 아무리 양반가문에서 태어났다고 해도 1차 목표는 자신의 입신양명에 있지, 백성들의 삶에 이렇게 적극적으로 뛰어들어 민생을 안정과 복지에 관심이 있는 경우는 없다고 봐도 무방하다. 깨어난 선비라고 해도 지식인들의 선생님 역할을 하면서 뜻있는 선비들을 정계로 보내어 변화를 꾀하는 경우는 있어도, 양반의 신분으로 직접 백성들의 삶에 뛰어들고, 조선역사상 이지함이 처음이다.

그런 의미에서 그는 무척이나 독특한 인물이었던 것은 틀림없다. 그래서 그 시대에는 물론 현재에도 토정에게 '기인' 혹은 '방외인'이라는 프레임을 씌우기도 하는데, 항상 그렇다. 역사적으로 시대를 앞서간 사람들은 '혹세무민'이라는 죄명으로 죽임을 당하거나 '기인' '광인'이라는 꼬리표를 붙여, 그의 사상이나 행적이 폄하하는 경우가 많다. 훗날 사람들의 의식이 성장하면서 뒤늦게 역사의 재평가를 받는 인물들이 얼마나 많은가.

하지만 당대 지식인들 중에 백성들의 현실에 가장 깨어있어 그들의 삶을 구제하려고 했던 사람은 토정 이지함이었다. 틀 속에 갇혀 살게 되면 틀 속의 갇힌 세상만 볼 수밖에 없다. 틀 안과 틀 밖을 다 들여다 볼 수 있는 사람의 눈에 틀 속에 갇힌 사람들이 하는 생각과 말은 반쪽 자리 진실일 수밖에 없는 것이다.

마치 우물 안 개구리처럼 내가 살고 있는 세상이 전부라고 믿으면서 더 알려고 하지도 않고, 우물 속 밖의 세상을 알려주는 사람들은 다 거짓을 말한다고 들으려고 하지도, 오히려 내쫓아 버리는 경우를 말이다. 토정 이지함은 조선팔도를 발로 뛰고, 두 눈으로 직접 보고 들으면서 민중들의 삶을 목도하고, 어떻게 하면 그들을 구할 수 있을지를 연구했던 사람이다.

하지만 우물 안의 사람들은 그가 하는 이야기를 들으려 조차 하지 않았고, 백성들의 삶에 관심이 없으니 들으려고도 책임지려고도, 국가의 미래에도 관심이 없었던 임금과 관리들의 태도는 백성들의 삶을 더욱 도탄에 빠지게 만들었을 뿐이다.

연이은 사화로 마을전체가 텅 빌 정도인데다 잇따른 반정으로 왕이 교체되고, 정권은 외척세력들에 좌지우지 되었던 시대, 나라의 지도자계층이 제대로 작동하지 못하니 백성들은 한마디로 버려진 것이나 다름없던 시대였다. 이런 시대의 치유법으로 사상가들은 왕이 도덕군주가 되면 나라의 병통이 저절로 치유 될 거라고 믿고, 조선 성리학의 체계를 세우는 데 몰두했으나 그것 자체로 지금 당장 도탄에 빠진 백성들의 삶을 낫게 해 주지는 못했다. 이런 상황에서 토정 이지함은 백성들의 삶에 관심을 갖고 직접 행동하였던 유일한 지식인이었다고 볼 수 있다.

Ⅱ 토정 이지함, 인간을 말하다

1. 사주, 태어나는 시간을 인위적으로 조절하는 것

나: 인위적으로 태어나는 시간을 조절하여 사주를 좋게 하려는 사람들도 있지 않습니까? 이것에 대해서는 어떻게 보십니까?

토정: 하늘의 관점에서 바라보았을 때 **태아가 태어나는 시간을 인위적으로 조정하게 되면, 그 시간에 태어나야 하는 운명을 설계한 태아가 그 시간에 배정되지 못하기 때문에 다음 순번으로 밀리게 된다.** 그럴 경우, 그 부부에게 태어나는 아이는 본래 태어날 아이가 아닌 다른 영혼이 배정되는 경우가 생기는 수가 있거나, **아니면 본래 태어날 아이가 태어나지만 자신의 본래 설계한 것과는 다른 운명으로 태어나는 경우도 있다.**

아이는 말로는 설명하지 못하는 불만을 부모에게 가지게 된다. 부모 때문에 자신의 운명에 변화가 일어났기 때문에 자신도 모르게 부모를 불신하게 되는 것이다. 그러나 인간이 전적으로 태아가 출산하는 시간을 조절할 수는 없을 것이다. 약간의 오차 범위 내에서 허락되는 것이다. 항상 자연스러운 것이 가장 좋은 것이라는 것을 잊지 않았으면 한다.

나: 그 의미는 인간이 아무로 임의로 사주를 좋게 하려고 시간을 조절하려고 애써도 하늘의 개입이 있다는 말씀인지요?

토정: 그렇다. 인간이 스스로의 힘으로 통제할 수 있다고 믿는 것도 사실은 하늘이 허락한 범위 내에서 가능한 것이다. 한편 내버려 두는 경우도 있을 수 있으나, 그 경우에는 인간의 눈으로는 좋아 보이지만 사실상 하늘의 관점에서는 포기한 경우라고 보아도 좋다. 변화할 가능성이 없어 보이니 관심을 두지 않는 것이다. 항상 하늘이 있다는 것을 명심하고 행동에 조심하며 살아가야 할 것이다. 이것은 종교의 유무와는 다른, 인간의 내재된 양심이 내 안에 있는 하늘이라고 생각하면 될 것이다.

나: 인간적 기준으로 악행을 저지르고도 잘 사는 사람들과, 양심적으로 착하고 바르게 사는 사람들이 잘 살지 못하는 경우는 어떻게 설명할 수 있는가요?

토정: '잘 산다'와 '잘 살지 못 한다'의 기준이 금전적인 면에서만 바라본다면 이상하게 보이겠지. 하지만 마음의 관점에서 바라보았을 때 악행을 저지르고도 잘 사는 삶, 타인을 희생시켜서 나만 잘 사는 삶이 아름다워 보이는가? 인간의 진화라는 관점에서 보았을 때 이런 사람들의 영혼의 격은 어떠한가? 자신만 잘 사려고 하는 사람들의 마지막 순간은 어떠한지 살펴보면 답은 나올 것이다. 단순히 물질적으로 잘 먹고, 잘 살고 잘 놀다가 인생을 마치는 삶 속에서 한 사람의 영혼이 성장할 가능성은 얼마나 보이는 가? 물론 몸을

입은 인간으로서 잠시 부러울 수는 있겠지만 스스로에게 질 문해보면 답이 나올 것이다. 자족하고 만족하는 사람들은 더 큰 집, 더 많은 재산을 준다고 해도 그런 삶에 대한 일시적 인 동경의 감정은 일어날지는 몰라도, 이들은 그간의 삶을 통해 어떤 삶 속에서 자신이 충만함을 느꼈는지를 알고 있 다.

두 번째는 주변 사람들에게 어떤 주제를 던지는 것이다. 악 행을 저지르는 데도 잘 살기만 하는 사람들, 착하게 살고 양 심적으로 사는데도 가난하게 사는 사람들을 보며 주변인들은 의문을 가진다. 세상이 이상하게 돌아가고 있다고 말이다. 지 구라는 곳은 엄밀히 말해서 우주의 수련별이다. 곧, 공부를 하는 곳이기 때문에 나의 삶이 타인에게 교재가 될 수 있다. 많은 생각할 거리가 있을수록 그 만큼 교재들이 많아, 생각 의 발전을 낳을 수 있는 여지가 있다. 대비를 통해 어떤 인 물의 악행과 덕행이 더욱 잘 드러나게 하는 효과도 있다.

한편, 물질이라는 것이 어느 정도 풍요로울 경우 의식 수준 도 높은 것을 알 수 있는데 그 이유는 물질을 부리는 것도 어쨌든 의식이기 때문에, 어느 정도 의식수준에 올라야 물질 을 끌어올 수 있는 능력도 생기는 것이다. 하지만 더 놓은 수준으로 의식을 끌어 올리는 방법은 물질적으로는 소박하게 살 되 그 만큼의 여유 공간을 정신으로 채우는 것이다. 마음 이 부자면 진정한 부자라는 말도 있지 않은가. 그냥 하는 이 야기가 아니라, 하늘의 지혜가 땅에 전달된 것이다. 살아있는 동안에는 역시 인간은 몸을 입을 존재이기 때문에 보이는 것에 얽매이기 마련이다. 그러나 그 얽매임에서 벗어날수록 물질의 속박에서도 벗어나는 것이라. 점점 단순한 삶을 추구하게 되어있다. 생각도, 생활도 단순하고 단출하게 꾸려지는 것이다. 즉, 군더더기는 제하고 근본적인 면을 지키는 것이다.

세상에 이해되지 않는 수많은 사건이 일어나는 이유는 첫 번째 인간세상은 인간의 자유의지로 말미암아 조물주조차도 예측이 불가능한 변수들이 늘 발생할 수 있다는 것이며, 두 번째는 의도했건 의도하지 않았건 역리를 통해서 배우는 것이 빠른 길이기 때문이다. 예를 들어, 온 국민이 바라는 정치인이 당선이 되지 않고 의외의 인물이 당선이 되었을 때, 의아하게 생각할 것이다. 국민의 삶을 어렵게 하는 정치인을 만났을 때, 국민들의 의식이 한층 성장하는 측면이 있다. 반면교사와 정면교사가 있을 때, 정면교사를 통해서는 학습효과가 크지 않지만 반면교사에 대해서는 음과 양의 대비가 되면서, '저렇게 하면 안 되겠다'라는 생각이 강하게 심어지기 때문이다. 지상의 일이 역리로 흘러가는 측면이 있다. 그러나 역리가 역리만으로 끝난다면 의미가 없고, 역리가 순리로 흘러가기 위한 수단일 때 역리는 역리로서 자신의 역할을 한 것이라고 할 수 있다. 하지만 의식수준이 성숙해졌을 때에는 역리가 작용하려고 해도, 다들 순리로 가고자 하는 힘이 강하기 때문에 저절로 조절되는 측면이 있다.

나도 처음에 지구에 왔을 때는 무슨 별이 이렇게 복잡하고, 말도 안 되는 원리로 가득 차 있는가? 하고 강한 의문이 들었다. 모든 것이 투명하고 공명정대 속에서 운영되는 우주와는 모든 것이 반대로 처리되는 모습을 보면서 지구에 대해 많은 실망을 하였다. 이곳이 우주에서 최상 난이도를 가진 수련별이 과연 맞는 것인가? 우주의 입장에서는 법도 질서도 없는 단순한 지옥에 지나지 않는 것으로 보였기 때문이다. 하지만 살면서 알게 된 것은 시간이 지나면서 결국 모든 것은 있어야 할 자리로 돌아가고, 사필귀정 하는 모습을 보면서 과연 지구는 수련별이구나 하는 생각을 했다. 지금 당장은 알기 어렵지만 시간이 지나면 반드시 진실이 드러나는 곳, 그곳이 지구라는 별의 특징이었다.

2. 좋은 팔자, 나쁜 팔자

세상에 좋은 팔자, 나쁜 팔자 따로 있는 것이 아니다. 자신의 욕망의 방향에 따라서 누군가에게는 돈을 많이 벌 수 있는 사주가 좋은 것이고, 어떤 사람은 권력을 누릴 수 있는 사주가 좋을 것이다. 하지만 자신이 감당할 수 없을 만큼 많은 돈과, 권력이 인간의 삶을 풍요롭게 하고, 자신을 건전한 삶으로 이끄는지는 두고 봐야겠지. **인간으로 태어나서 가장 좋은 삶은 성장하는 삶이다.** 어떤 경험을 하더라도 내가 거기에서 깨달음을 얻어 달라질 수 있다면, 그 경험은 그것대로 가치 있는 것이지, 좋은 경험, 나쁜 경험이라는 것도 자신이 어떻게 그것을 바라보느냐에 따라 달라지는 것이다.

사람들은 대개 이분법적인 관점으로 세상을 바라본다. 선과, 악, 좋은 것, 나쁜 것, 하지만 본래 동양적인 사고관점에서는 세상을 단순하게 이분법적으로 나누지 않는다. 선이 악이 될 수도 있고, 악이 선이 될 수도 있으며 좋은 것인 줄 알았는데 알고 봤더니 나에게 독이 되는 것이었으며 이 모든 것들을 경험한 후에는 그 경험으로 소중했다라고 할 수도 있는 것이다. 아까 인간으로서 좋은 삶은 성장하는 삶이라고 하지 않았느냐? 그러한 관점에서 본다면 내가 가지고 있는 부족한 면들이 오히려 나의 창의력을 키우고, 가능성을 키워주는 역할을 한다는 것을 경험해 본 사람은 알 것이다. 굳이 위인의 예를 들지 않더라고, 악 조건에서 어떤 일을 수행할 때, 우리들은 부족한 면을 메꾸기 위하여 여러 가지 새로운 생각을 해낸다.

그 과정에서 사람은 몰입을 하게 되고, 자나 깨나 그것을 해결할 방법을 연구한다. 몰입이라는 것은 일반 사람들이 명상상태를 경험할 수 있는 손쉬운 방법이다. 내 몸의 세포 하나하나 까지 어떤 일을 성취하기 위해 집중하는 상태를 몰입이라고 하는데, 그 상태에 이르게 되면 우주의 지식에 닿을 수 있다. 세상의 복잡다단한 파장대역을 넘어서 하늘대역도 우주대역에까지 생각의 파장이 미치게 된다면, 이제껏 세상에 존재하지 않았던 새로운 생각들을 세상에 내어놓을 수 있는 것이다. 그런 면에서 나는 선구자가 될 수 있다.

사실 이 세상에 존재하는 많은 발명품이나 사상들은 창조성의 결과이다. 얼마나 내가 정성을 들이고 몰입을 하는가에 따라 수준 높은 결과물을 낼 수 있는 것이다. 이런 측면에서 내가 가진 악 조건이 사실은 내가 방심할 수 있는 조건을 없애주어 내 안에 있는 창조성을 일깨워 주는 것이다. 그렇다면 나쁜 팔자와 좋은 팔자도 어떻게 볼 것인가? 삶의 주인은 나라는 것을 잊지 말아야 한다. 내가 운명을 이끌고 가야하는 주체이지, 내가 운명에 질질 이끌려 가는 것이 아니라는 것이다. 아무리 나쁜 사주라도 내가 내 운명을 적극적으로 이끌고 가는 한, 그것은 내 삶의 주인으로 살고 있는 것이며, 아무리 좋은 사주라고 내가 그 운명의 주인이 아니라, 그저 주어진 대로만 살아간다면, 나는 성장을 하지 못한 것이다.

내가 세상을 바라보니 현대를 살아가는 사람들이 생각하는 좋은 팔자와 나쁜 팔자는 단순한 것이더구나. 그 범위라는 것이 결국은 돈을 잘 번다거나, 외모가 번듯하다거나, 삶을 굴곡 없이 평탄하게 살아가는 것, 그 수준에서 벗어나지 못하는 것 같다. 그것은 삶이라는 것을 너무 협소하게만 이해했기 때문에 일어난 결과이다. 인간은 소우주와 같은 존재이다.

우주라는 대 공간과 시간 속에서 오행의 기운을 안고 태어난 존재가 인간이다. 그 만큼 대단한 존재하는 뜻이다. 하지만 자신의 존재를 그저 돈, 명예, 권력 등에 한정짓는 것만큼 인간으로 살아가면서 슬픈 일도 없다. 그런 것들은 정신적인 힘이 강하다면 내 아래에 얼마든지 부릴 수 있는 것이다. 인간의 마음의 힘으로 돈이나 명예, 권력은 내가 끌어올 수도 있으며 버릴 수도 있는 것이다.

수련을 하는 사람들은 알겠지만 돈, 성욕, 식욕, 명예욕에 대한 욕망은 사실 버리기 쉬운 것 중에 하나이다. 가장 어려운 것은 나의 습관 하나, 나의 생각하나, 이것을 고치는 것이다. 수생동안 쌓아온 업의 결과로 생각하나를 고치지 못해 반복하는 것, 끊임없이 타인을 괴롭히고 자신을 괴롭히는 것, 이런 것이 사실은 제일 고치기 어려운 것이다.

명리학을 공부하는 것이 필요하다. 왜 필요한가? 내가 이 세상에 태어나서 삶이라는 바다를 항해해야 하는데, 아무런 지도가 없이 항해하는 것과 지도를 가지고 항해하는 것은 그 결과에 있어서 천지차이가 난다. 명리학이라는 것은 내가 우주에서 지구로 보내질 적에 우주에서 '나'라고 하는 000은 이번 생에 이러한 삶을 살겠다. - 라고 정해 높은 계획서이다. 나의 기본적인 정보는 알고 있어야 내가 어떤 사람인지, 사주 구성이 어떻게 되어 있는지, 이런 것들을 알 것이 아닌가?

> *'명리학이라는 것은 내가 우주에서 지구로 보내질 적에 우주에서 '나'라고 하는 000은 이번 생에 이러한 삶을 살겠다. - 라고 정해 높은 계획서이다.'*

기본적인 사주에 대한 정보를 알았으면 어떻게 살 것인가? 내가 어떤 부분이 넘치고 부족한 가에 따라 나의 성격, 선호도, 사람과의 역학관계 이런 것들이 정해질 것이다. 아까, 내가 좋은 팔자, 나쁜 팔자를 따로 있지 않다고 하지 않았느냐? 자신이 어떤 관점을 가지느냐에 따라 타인이 봤을 때는 매우 행복한 생을 살아가는 팔자를 가졌으나, 나의 입장에서는 그것만큼 불행한 경우가 없을 것이다.

대게 한 쪽의 운이 치우쳐 있으면 다른 쪽은 그 만큼 비워진 것이 우주의 이치이다. 그러므로 평범한 사주가 인간으로서는 복을 받은 사주라고 할 수 있다. 특출한 재능이 있거나, 돈이 지나치게 많거나, 건강이 지나치게 발달했거나, 사람이 너무 많거나, 그러한 사주는 내가 사주의 영향에서 쉽게 벗어날 수 없는 상황에 놓이게 된다.

인간으로서 좋은 삶이란, 평범한 감정을 경험하고, 깨달음을 얻고, 인간으로서의 기본적인 성을 함양하고, 거기서 내적으로 더욱 깊어져서 풍부한 정신세계를 갖게 되는 것이 좋은 삶이라고 할 수 있다. 하지만 무엇이 지나치게 많은 사주의 경우, 내가 그 지나침에 휩쓸리게 될 수가 있으니, 인간으로 좋은 사주라고는 할 수 없다.

나를 세상에 내어보낸 우주의 입장에서 좋은 팔자란 어떤 것일까? 우리는 이 질문을 꼭 해야 한다. 우주는 우리의 부모와 같은 존재이고, 가장 근본적으로 인간이 나아가야 할 방향이 어떤 것인지를 알고 있다. 우주의 관점에서 인간에게 바라는 것은 인간의 성장, 영혼의 진화에 있다. 그렇다면 내가 살아가기로 한 시공간의 매트릭스, 즉 사주팔자를 어떻게 운용하기를 바랄 것인가?

인간이 되는 공부, 나아가서는 신이 되는 공부하기를 원할 것이다. 왜 아니겠는가? 우주의 자식인 인간은 결국 반은 신인 존재이지 않은가? 삶이라는 것 자체가, 그 삶의 공간에서 우주를 배해야 하는 시간을 말하는 것인데, 그 속에서 다양한 것을 경험하고 공부하여 우주란 어떤 것인지를 배우고 오기를 바랄 것이다. 그 안에서는 좋은 사주, 나쁜 사주라는 것이 없다. 그저 있는 그대로의 사실로서의 구성이 있고, 그 구성을 내가 인지 한 후에는 넘치는 면은 비워내고 모자라는 면은 채우는 방향으로 삶을 살아가는 것이다.

돈이 많으나 주변에 사람이 없는 사람은 돈을 나누는 것을 통하여 주변에 사람이 모이게 될 수 있고, 세상을 순환시키는 데 일조할 수 있다. 그렇다면 돈은 어떤 방향으로 쓸 것인가? 나의 생리적인 욕구를 채우는 데에만 쓴다면, 돈이 사라지는 순간 주변의 사람도 사라지는 것은 당연하다. 우리는 선과 악의 개념으로 이것을 이해하는 데, 사실 선과 악이 따로 정해진 것이 아니라, 아직 지혜가 트이지 않아서 생각이 미치지 못하면 악의 행동을 할 수 있는 것이고, 악을 통해서 반면교사를 삼아 깨달음을 얻는다면 나는 마침내 내 생각의 방향을 수수작용이 더욱 크게 일어나는 방향으로 전환을 시킬 수 있는 것이다.

그래서 인간을 바라볼 때, 저 사람은 나쁜 사람이야 착한 사람이야 하는 관점 보다는, 아직 지혜가 모자라는 사람, 조금 아픈 사람, 생각이 미치기 못하는 사람, 불편한 사람, 이런 시각으로 바라보며, 좀 더 여유를 가진 쪽이 부족한 사람을 도와야 하는 것이 우주공동체를 살아가는 모든 만물들이 살아가는 태도이다. 일단은 그렇다는 것이다. 너무 교과서적인 이야기를 털어놓아서 쑥스럽구나.

종합하면, 모든 사람들은 자신의 넘치는 부분, 모자라는 부분으로 비워내고, 채우면서 나아가는 것이 삶을 살아가는 방법이이다. 왜냐하면 그것이 우주가 운행해가는 원리이기 때문이지. 인간도 이 법칙에서 벗어날 수가 없는 것은 인간 또한 우주이기 때문이지. 기억하라, 우주의 법칙은 순환이라는 것을. 가만히 있으면 정체되고 썩기 때문에 높은 곳에서 낮은 곳으로, 많은 데에서 탁한 데로 순환하도록 설계되어 있다.

이런 것을 수수작용이라고 하지. 내가 돈이 많으면 나의 생존에 필요한 만큼만 쓰고 베푼다면, 또 그만한 돈이 다시 들어오는 것이 우주의 법칙이고, 내가 사랑을 베푼다면 또 그 사랑을 사람에게서 받지 못한다고 해도, 그 만큼 하늘이 그 사람을 사랑해주는 것이 우주의 법칙이다. 우주라는 곳도 워낙 광활한 곳이라 다양한 흐름이 존재하지만 그래도 기본적으로 선순환으로 흘러가는 곳이 우주라는 곳이기에 인간들의 기본적인 마음자세도 선을 순환시킨다는 것이 전제가 되어야 할 것이다.

3. 용신 활용법

용신이라는 것은 사주팔자 속에서 내게 부족한 기운, 그래서 채워야 하는 기운이다. 수련을 하는 사람들에게는 자신의 용신을 아는 것만으로도 수련의 절반을 갔다고 할 수 있을 만큼 용신을 아는 것이 중요하다. 왜냐하면 수련이라는 것은 자신의 부족한 점을 알고 이것을 기운으로, 수행으로 채워나가는 것을 말하기 때문이다. 하지만 단순히 사주 상으로 나타난 용신이 나의 진짜 용신인 경우도 있고 아닌 경우도 있다. 대부분의 용신은 깊게 숨어져 있어, 자신의 진짜 용신이 무엇인 경우가 많다.

단순히 사주 상으로 부족한 기운이 금 기운이라서 그것이 나의 용신이거나 화 기운이어서 그것이 나의 용신이라고 확신해서는 안 된다. 그러면 나는 나의 용신을 어떻게 찾을 것인가? 명리학에 대해서 기본적인 지식이 없고, 공부를 해도 잘 모르겠다고 했을 때에는 자신의 인생이 이제껏 어떤 행로로 흘러왔는지를 살펴보면 된다. 나는 별다른 일을 하지 않아도, 항상 누군가를 소개시켜주고 사람사이를 이어주는 역할을 하면서 살았다. 그렇다면 나의 용신은 '토'일수가 있다.

이런 사람들은 특별히 자신이 무언가를 하지 않아도, 필요한 사람들끼리 만남을 이어주고, 에너지가 흘러가게 함으로 순환을 시키는 사람들이다. 계절과 계절사이에 '토 기운이 사이에 들어가 이어주는 것처럼 이런 사람들은 이어주는 역할을 하면서 자신에게 부족한 기운을 채우면서 살아가면 된다.

인간으로서 행복한 삶은 어릴 때부터 금방 두각을 나타내고 유명해지는 삶이 아니다. 계절의 법칙처럼 태어나고, 성장하고, 배우고, 익히고 펼쳐가다가 종국에는 마무리를 하면서 인생의 4계절을 익히는 것이 행복한 삶인 것이다. 금방 두각을 나타낸다거나 어린 시절에 일찍 꽃피우는 삶은 수련하는 삶이라기보다는 역할 모델로서 그러한 삶이 주어진 경우가 있고, 전생까지 닦아왔던 실력이 태어나고 얼마 안 있어 드러난 경우이다. 지구에서의 삶은 공부를 목적으로 태어난 사람들이 있고, 수련보다는 역할비중이 높은 사람들이 있다. 그것은 지구라는 곳이 학교이기 때문에 다양한 역할이 필요하기 때문이다.

내가 나를 보았을 때 대체로 평범한 삶이며, 나의 능력이나 재능이 깊숙이 숨겨져 있다면, 나는 이생을 공부/수련을 하기 위해서 태어났을 가능성이 높다. 이에 대해서 우리는 실망할 것이 없다. 실망을 하는 이유는 그동안 우리들은 삶을 어떻게 살 것인가의 문제에 대해 잘못된 개념과 지식이 주입되었기 때문이다. 언제나 배우는 삶이 가장 행복한 것이다. 삶이라는 것은 60갑자라는 한정된 시간을 통해 생로병사를 겪고, 오욕칠정이라는 감정을 겪어내며 인생의 의미를 깨닫고 영적성장을 위해 내가 설계한 공부의 장이다. 즉, 학교이다. 그런 곳에서 배움을 많이 얻는 것이 나중에 죽어서 내게 남는 장사이지, 사는 동안에 내가 얼마나 유명했는지, 부귀영화를 누린 것이 내게 그리 큰 이득이 되지 못하는 것이다.

4. 용신적용의 구체적인 예

'수' 기운이 용신인 사람은 아이디어를 내고, 기획을 하는 일이 잘 어울린다. 내가 굳이 앞서서 반장을 하는 것이 아니라, 방향성을 제시하고 사람들에게 아이디어를 주면서 역할을 하는 것이다. 그리고 '목'의 기운이 용신인 사람들은 교육이나 학문을 하면 좋을 것이다. 사실, 나는 내가 세상에 태어나서 하려고 했던 역할이 있기 때문에 내가 이미 하고 있는 일이나 끌리는 일이 실은 내가 진짜 해야 할 일이었을 가능성이 있다. 여기서 언제나 솔직해야 하는 것이, 현대인들의 교육은 외부로부터의 주입이 많다.

외부적으로 주입된 생각이 마치 나의 생각이고, 내 인생의 방향이라고 착각이 들 수 있다. 이런 외부적인 조건을 다 비워내고 내 마음의 소리를 들어야 한다. 이것 또한 쉽지 않은 과정이다. 그렇기 때문에 수련이라고 한다. 내 인생을 반추했을 때, 내가 어떤 일을 했을 때 제일 생기가 있었고 재미가 있었는지, 그리고 나의 어린 시절로 돌아가 내가 남들보다 유독 더 잘하는 게 있었는지, 그런 것들을 생각하는 시간을 가져보아라.

인생을 살아가면서 여러 가지 분야를 공부하지 않느냐? 그러나 그것들을 끝까지 파고파고 또 파면 결국은 모든 것들은 하나의 길로 통하게 되어 있다. 이치들이 서로 통한다는 뜻이다. 그것은 우주의 법도이다. 우주라는 것은 일단 크다. 그리고 돈다. 돌기는 하되, 선의 방향으로 돌아간다. 이것만 기억한다면 우리의 인생의 법칙 또한 직선운동이 아닌 원운동을 하고 있으며, 원운동의 특징은 포용과, 순환이며, 서로가 연결되어 있다는 것이며, 누가 더 중요하도 덜 중요함이 없으며 가치에 있어서는 동등하다는 것이다. 그리고 돌아가는 방향은 에너지가 상생하는 방향으로 나아간다는 것이다.

> *'우주는 일단 크다. 그리고 돈다. 돌기는 하되, 선의*
> *방향으로 돌아간다.'*

직선운동은 3차원 세상에서 이루어지는 것이다. 직선운동은 선과 악, 대립, 경계를 낳고, 에너지의 순환이 정체되며, 차이가 있으며, 긴장을 유발시킨다. 부정적인 사고는 3차원 세계에서만 존재하는 것이며 그 이상의 세계에는 부정적인 사고는 없다. 다만 때가 되지 않았을 뿐이라고 생각한다.

5. 운명을 바꾸는 법

우리가 명리학을 배우고 나의 운명을 알고 싶어 하는 이유가 무엇인지 생각해 보자. 나의 운명의 주인이 되어 그것을 능동적으로 꾸려나가기 위함인지 아니면 단순히 내가 몇 년 뒤에 어떻게 될 것인지, 돈을 많이 벌 것인지, 시험에 합격을 할 것인지 등 삶의 길흉화복을 알기 위함인지. 살아가면서 해결되지 않은 문제에 대해 갈급함이 있어, 길흉화복을 점치려고 하는 마음은 충분히 이해할 수 있다. 그리고 그것 또한 삶을 살아가는 과정 속에 있다. 당장 내 끼니가 해결이 되지 않는데 철학을 하거나 구도자의 길을 걸을 수는 없지 않은가?

기억해야 할 것은 종국에는 나의 깨달음과 연결이 되어야 하는 것이다. 화 기운을 채우기 위해 붉은 색 옷을 입고 다니고, 수 기운이 모자라니 집안에 어항을 두고 올해 큰 수술할 수가 들어있으니 미리 작은 수술, 이를 테면 사마귀를 제거하는 것으로 액땜을 한다든지 하는 것도 삶의 지혜일 수 있다. 그러나 미래를 알고 싶다면 나의 현재 모습을 바라보면 되고, 나의 현재 모습을 보면 나의 미래 모습이 보인다. 내가 열심히 살아가고 있다면 미래에는 그 결과물이 쌓여있을 것이고, 그냥 빈둥빈둥 살아가기만 한다면 미래에도 빈둥빈둥 살아가고 있을 확률이 높은 것이다. 답은 사주보다 현재의 삶에 있다.

토정비결의 대부분의 궤가 희망의 궤로 구성된 이유를 알겠느냐? 많은 선인들이 이야기를 하지 않았느냐? 마음을 바꾸었더니 인상이 바뀌고, 행동을 바꾸었더니 주변이 바뀌었다고. **어떤 운명의 굴레도 깰 수 있는 힘은 내가 그 운명을 주체적으로 끌고 갈 때 일어난다.** 희망은 그런 힘을 가능하게 한다. 아무리 내 인생에 먹구름이 깔려있을지라도 내가 어떻게 받아들이고 행동하는가에 따라 운명의 굴레에서 벗어날 수 있는 것이다.

예를 들어, 나의 사주에 올해 돈을 뺏기게 생겼다. 이 흐름이 온다는 것을 미리 안다면, 나는 내 행동과 마음을 변화시킬 수 있다. 남에게 뺏기기 전에 기부를 한다든가, 보시를 하는 행위를 할 수 있는 것이다. 그러면 나는 운명을 주체적으로 운용한 주체가 된다. 재성이 많은 사주라 항상 재주넘는 곰의 역할을 하는데, 돈을 버는 사람은 따로 있고 쓰는 사람은 따로 있다.

인생이 역설적이게도 항상 버는 사람과 쓰는 사람이 일치하지 않다. 부모가 벌어 놓은 돈을 자식이 쓰고, 부인이 벌어 놓은 돈을 남편이 쓴다던가. 그 반대가 되는 경우가 있고, 자식이 벌어 놓은 돈은 부모가 쓰는 경우가 있다. 이런 때 나의 신세를 한탄하고 운명을 탓한다면 나는 운명에 갇힌 삶을 사는 것이다.

그러나 그러한 생각해서 한 발자국 나아가, 내가 벌어 놓은 돈으로 내가 사랑하는 사람들이 편하게 사니까 내가 행복한 사람이다. 내가 그릇이 큰 사람이다. 남는 것은 더 큰 행복을 창출하기 위해 다른 곳에서 쓰겠다. 라고 생각하고 행동한다면, 그 사람은 그 순간부터 이미 철학자의 혹은 구도자의 길을 걷고 있는 것이다.

'깨달음은 그렇게 일상에서 피어오르는 것이다.'

생각의 굴레에서 벗어나라. 남들이 생각하는 대로 나를 바라보고 그 안에 나를 가둬놓지 말고, 내 생각을 변화시키고 마음을 변화시켜서 세상이 변화하게 만들어라. 세상의 가치관이라는 것은 절대적인 것이 아니다. 같은 나라에서도 지역마다 가치가 다르고, 나라마다 가치가 다르고, 사람마다 가치가 다른 것인데, 대중들이 옳다고 생각하는 가치가 우주적인 관점에서는 옳은 것이 아닐 수가 있다.

+적으로 사고하는 습관을 길러라. 너의 +의 힘이 강하면 -

적인 사고에 물들었던 사람들도 너의 힘으로 견인되고 세상이 변화할 수 있다. 우주를 바라보라, 그곳은 바다와 같은 곳으로 어떤 곳에서 흘러들어온 물도 따지지 않고 바다 속으로 받아들인다. 겉으로 보아서는 드러나지 않으니 그 깊이를 짐작하기 어려우나 실로 깊고도 깊은 것이 바다 아니더냐? 우주와 같은 사람이 되려고 노력하여라. 인간자체가 이미 소우주니 말이다.

나: 흔히 운명이라는 것은 정해져 있는 것이라고 생각하지 않습니까? 그런 의미에서 운명은 어떤 것인지요?

토정: 인간을 구성하는 것에는 4가지 인자가 있다는 것을 이미 배웠지?

나: 예, 명상 선생님께서 인간은 태어나면서 4가지 인자를 갖추고 태어난다고 했습니다. 그것에는 핵인자, 시간인자, 환경인자, 영성인자가 있는데, 핵 인자는 유전자, 지문, 체질 같이 부모로부터 받은 신체조건과 관련 있는 것이었고, 시간인자란 사주팔자 같은 것, 그리고 환경인자는 내가 사는 곳, 혹은 내가 처한 환경 그리고 영성인자는 내가 가지고 태어난 영성인자라고 배웠습니다. 4인자 중 핵인자와 시간인자는 내가 태어날 때 이미 정해지게 되기 때문에 고정된 것이고 환경인자와 영성인자는 나의 노력 여부에 따라 변화 가능한 것이라고 배웠습니다.

토정: 그렇지. 그렇다면 역시 인간은 자신의 노력 여부에 따

라 변화 가능한 것이 반, 고정된 것이 반 이렇게 운명을 가지고 태어난다고 할 수 있지. 깨닫기 전의 인간은 고정된 운명에서 벗어나지 못하고 그 굴레에 갇혀서 살게 되지만, 살아가면서 고정된 생각의 틀을 벗고, 내 삶을 주체적으로 살려는 노력을 하고, 주어진 틀에서 벗어나려는 노력을 함으로써 인간은 타고난 운명을 변화시킬 수 있는 것이다. 대부분의 사람들은 이러한 것을 알지 못하고 그저 주어진 대로 살아가고 있지.

나: 그러고 보면 우리나라에서도 한창 금수저 논란, 타고난 지능이나 재능이 먼저일까 후천적 노력이 먼저일까? 이런 것들에 대해서 사람들이 토론을 하곤 했어요. 후천적인 노력이 타고난 것을 뛰어넘을 수 없다고 생각하는 의견이 지배적이기도 했는데 요즘에 와서 그런 생각들이 조금씩 바뀌고 있는 것 같아요. 개인의 노력으로 생각의 틀과 마음의 방향을 바꾸면 행동이 바뀌고 그러면서 그 사람의 운명도 바뀐다는 방향으로 말이지요. 예전과 비교하면 고무적인 변화이기도 합니다.

토정: 우주적 관점에서 바라보면, 이분법적인 사고는 존재하지 않지. 사람의 운명이 정해져 있다는 시각도 맞고, 그렇지 않다는 시각도 맞지. 다만, 지금 와서 사람의 운명이라는 것이 변할 수 있다는 시각이 좀 더 힘을 얻는 것은 인류공동체가 각자의 삶을 항해하면서 인간의 한계를 뚫고 또 새로운 세계를 열어가고, 그렇게 인류의 정신이 진화를 하게 되면서 이제는 인간의 가능성에 대해 긍정적으로 바라보는 힘

들이 더 많아 졌기에 세상에도 그에 걸 맞는 새로운 학설이 등장하고, 그 학설이 힘이 실리게 되지. 세상에 나오는 학설, 발명, 유행, 이런 것들은 사실 인간의 무의식의 반영이라고 할 수 있어. 변화는 이미 저 깊은 곳에서 시작되었고, 그것이 어느 정도 가시화 되었을 때 그것이 학자나 예술가, 발명가처럼 영감이 발달된 사람들이 변화된 흐름에 대해 빠르게 인식하고 그에 걸 맞는 학설을 내어 놓는 것이니까, 전에 나왔던 학설보다 새로운 학설이 나왔고 그것이 힘을 얻는다는 것은 다수 사람들의 생각의 방향이 바뀌기 시작했다는 것을 반영하는 것이지.

인간은 겉으로 보았을 때는 개인으로 존재하는 것 같아도, 의식의 저변으로 보았을 때 인류의 공동무의식차원에서는 서로 연결되어 있기 때문에, 인류의 생각의 변화가 '임계치'에 이르렀을 때 새로운 시대가 도래하기도 한다. 그런 의미에서 각자는 각자의 삶을 살아가는 것이기도 하지만 한편으로는 인류의 진화를 위해 살아가는 것이기도 하단다. 나는 나 개인으로도 존재하지만 실은 인류의 대표성을 지니는 존재이기도 하거든.

내가 공부했던 것은 우주의 변화, 즉 역학이지 않느냐. 그런데 어떤 방향으로의 변화여야 할까? 토정이 사람들의 사주와 앞길을 알려주면서 실은 무엇을 알려주고 했음일까? 삶을 살아가는 자세를 변화시켜 주변을 변화시키고 삶을 변화시킬 수 있다는 것을 알려주려고 했다. 세상의 지도자들이나 조금이라도 앞선 생각을 가진 사람들은 후인들에게 모두 이런 역할이 있다. 즉, 방향을 알려주고 **스스로의 삶을 긍정하고 긍정하는 힘 자체가 인생을 주인으로 살아가는 자세라는 것을 말이다.** 내가 삶을 살아감에 있어 외부적인 조건이 변하는 것은 어려운 일이다. 예를 들어 내일 비가 오는데 내가 비가 오게 하는 것을 멈출 수는 없는 일이다.

가고 싶진 않아도 내일 회사에 간다는 사실은 변하지 않는 것이다. 업무상 만나고 싶지 않은 사람을 만나야 하는 것도 변하지 않는 것이다. 세상에는 내가 원하지 않아도 겪어야 할 외부적인 조건이 많다. 그렇다면 이 상황에서 내가 변화시킬 수 있는 부분은 무엇인가? 그것은 나의 마음과 생각이다. 삶을 통해 내가 배워야 할 부분은 내 마음을 어떻게 다스리고, 그 마음이 현실에서 어떻게 반영되는지 그 상관관계를 알아차려야 한다.

그렇다면 마음을 다스리는 것, 생각을 변화시키고 행동을 변화시키는 것이 왜 중요한 것일까? 우리는 나를 지배하고 세상을 지배하는 것이 외적인 조건이라고 생각한다. 하지만 그것은 하나의 눈속임이다. 실제 나를 지배하는 것은 나의 마음이다. 우주라는 곳은 마음의 힘으로 움직여지는 곳이다. 그렇기 때문에 지상에 있을 때 각종 한계상황이 여기 저기 장애물처럼 놓인 곳에서 마음의 힘을 키우는 연습을 하는 것이다.

인간세상에서 내가 생각하는 것들의 실현이 금방 구현되지 않는 이유는 인간은 몸을 입고 있기 때문에 생각이 바로 현실화 되지는 않는다. 하지만 마음 한 조각, 생각 한 조각의 힘이 얼마나 중요한 지는 시간이 지나면 알 수 있다. 무의미한 행동은 겉으로는 그 사람이 얼마나 바빠 보여도 그 행동 자체가 유의미한 변화를 이끌어 내지 못한다. 나의 기분, 생각, 행동 나의 모든 부분을 다듬고, 변화시키는 것 자체가 내 인생을 주체적으로 살아가는 방법이고, 이를 통해 결국은 유의미한 변화가 나를 비롯한 나를 둘러싼 환경에 마법처럼 펼쳐질 것이다. 그 마법이라는 것은 외부적 상황은 그대로이지만 너의 시선이 변화하는 것이다.

새로운 우주가 너에게 펼쳐지면 보다 높은 차원으로의 정신세계에 접속이 되어, 이 세상을 바라보는 너의 시선이 바뀌는 것이다. 진정한 변화란 그런 것이지 단순히 돈을 더 벌고, 집을 바꾸고, 차를 바꾸는 차원이 아닌 것이다. 내적인 변화가 수반되지 않은 외적인 변화는 우주의 차원에서 바라보면 개인이 변화를 일으켰다고 보이지 않는다. 우주의 차원에서 변화란 영혼의 질적 변화가 일어나는 것을 변화라고 한다.

6. 어려움이 닥치는 이유는?

인간이 지상에 태어난 이유는 지상에서 겪은 모든 경험을 통해 영혼의 질적 변화를 만들어 내는 것이라고 했다. 그렇다면 질적 변화는 언제 일어나는 것일까? 그것은 자신이 한 계점에 도달했을 때 가능하다. 고만고만한 괴로움이나 아픔 정도 가지고는 인간은 변화하려 하지 않는다. 인간이라는 존재자체가 육체와 정신으로 이루어진 존재이기 때문에 생존에 대한 욕구가 상당하다.

생존에 대한 욕구가 있다는 것은 몸이 편한 것을 추구하게 되어있다. 그렇기 때문에 자신의 편함을 방해하는 것들에 대한 강한 거부반응을 가지고 있다. 새로운 것에 대한 거부반응도 새로운 것 자체에 대한 거부감 이라기보다는 몸의 불편함을 가지고 오는 변화에 대한 거부감이다.

살아가면서 내가 겪는 장애물의 역할은 나의 인내심과 끈기를 길러주는 아주 좋은 요소이다. 마음공부의 관점에서 보면 인간이 겪는 고통은 한 사람의 인간을 성장시키는 데 굉장히 도움을 주는 감정이다. 인간을 변화시키는 것 중에 만남, 고통, 권태 이 세 가지가 인간을 진화시키는 대표적인 요인인데, 수많은 사람들을 대하면서 내가 내린 결론은 가장 강력한 요인은 역시 고통이었다는 점이다. 누군가와의 만남을 통해 새로운 생각으로 인도되고, 내가 변화하는 것을 겪을 수 있고, 너무나 권태스러운 상황을 벗어나고자 사람들은 행동을 한다. 하지만 가장 큰 변화는 역시 고통스러운 상황에 놓였을 때 변화하는 인간의 심성, 태도 이런 것은 우주전체에 감동을 주기도 한다. 다만, 변화의 진폭을 크게 유도하는 만큼 결과가 치명적이 되기도 한다. 그것이 지구별의 특징이기도 하다.

사람이 크게 아프거나, 충격을 받으면 변한다곡 하지 않느냐? 물론 아픈 만큼의 마음의 상흔이 남을 것이다. 하지만 그 만큼 한 사람의 결코 변하지 않을 것 같은 생각과 시선, 행동이 변화하는 것을 보지 않느냐? 인간은 헤아릴 수 없는 수많은 삶을 어쩌면 식물로도 동물로도 살아온 세월까지 합친다면 자신이 살아온 방향대로의 업이 켜켜이 쌓여있는 존재이다.

그 중에서 자신을 헤치는 방향으로의 업도 분명이 존재하는 것이다. 그렇다면 그 업의 회로를 깨기 위해서는 어떻게 해야 할까? 그것은 단순한 변화로는 풀리지 않는다. 충격이 필요한 것이다. 그런 의미에서 삶 속의 많은 아픈 경험들은 나의 켜켜이 쌓인 업을 부숴주고, 나의 본래 모습을 찾도록 도와주는 촉매제, 혹은 지름길을 열어주는 역할을 한다. 하지만 쉽지는 않다. 살아도 살아있는 것 같지 않은 감정을 안겨주는 경험을 하게 되니까 말이다.

지상에서의 삶은 원래 그렇다. 누구에게나 쉬운 길은 없다. 아무리 내 입장에서 좋은 삶을 살아가는 것처럼 보여도 나름의 괴로움이 있는 것이고, 나 보다 어려운 삶을 살아가는 사람인데 알고 보면 마음만은 더욱 풍족하게 살아가고 있는 사람들도 얼마든지 있다. 겉으로 보아서는 판단할 수 없다. 내가 빡센 공부를 하고 있다는 생각이 들면, 인생의 의미를 알아가는 수업료를 많이 지불하고 있다고 여기면 된다. 그리고 그 만큼 배우게 되는 것도 많은 것이다. 지상에서는 먹고, 입고, 쓰는 것에 큰 의미를 부여하지만 하늘의 관점에서는 인간의 습관 하나 변화시키는 것이 얼마나 어려운 것인지를 알기 때문에 마음 한 조각 변화시켜 내 삶을 변화시키는 것에 더욱 큰 의미를 부여한단다.

내가 할 수 있는 것은 주어진 나의 조건 안에서 얼마나 배우고, 나누고, 사랑하면서 살려고 했는가? 내 마음을 변화시켜 내 환경을 바꾸고 세상을 바꾸려고 했는가? 이 세상에 처음 왔을 때의 나와 돌아갔을 때의 나는 얼마나 변했는가? 이런 것이 삶에 대한 근본적인 질문이다.

7. 나는 누구인가

나: 말씀을 듣다보니, 명리학을 공부하는 것, 토정비결을 보는 것, 관상을 보는 것, 인간을 공부하는 것, 모든 것이 하나로 이어진다는 생각이 들었습니다. 결국은 스스로에 대해서 궁금한 것이 아닌가요? 인간은 누구나 자신이 누구인지에 대한 근본적인 질문을 갖고 있습니다.

토정: 나는 누구인가에 관한 질문을 자주한다. 내가 누구인지에 대한 답은 내가 왜 태어났으며, 어떤 일을 할 것이며, 어떻게 죽을 것인가? 에 대한 연관성 속에서 답할 수 있다. 인간이 태어나는 이유는 처음부터 끝까지 영혼의 성장이다. 이 세상을 살아가면서 나에게 다가오는 모든 것들이 공부의 교재인 것이며, 그것을 풀어가면서 느끼는 감정, 깨달음, 관계 속에서의 부딪침, 조화로움 이 모든 것들이 재미인 것이다. 인간이 놓지 말아야 할 질문은 바로 세상에 관하여 "왜?"라는 질문을 멈추지 않는 것이다.

내 영혼의 성장을 위해 지구라는 한정된 공간 속에서 예전에는 60년이라는 세월을, 현재는 100년 정도의 우주의 시간으로는 비교적 짧은 시간에 우주의 법칙을 깨달아 돌아가는 것이 인간의 삶의 목표이다. 지구는 우주의 축소판이라고 할 만큼 다양한 인간, 식물군, 사건들이 일어나는 곳이다. 이곳에서 내가 경험할 수 있는 최대한의 경험하고 그 만큼의 깨달음을 얻어 영혼에 새길 수 있다면, 나는 지구에 태어나 보람된 삶을 살았다고 할 수 있다.

우주에는 지구만큼 다양한 구성원이 한 곳에 살아가는 별이 흔치 않다. 비슷한 수준의 영체나, 우주인들이 각자의 공동체를 이루어 한 곳에서 이루어서 살기 때문에 이곳에서는 지구에서와는 비교할 수 없을 정도의 온화한 삶이 이어지고 있다. 가장 근본적으로 나는 누구인가? **나는 지구에서의 삶을 통해 영을 성장시키려고 온 지구별 학생이다.**

인간의 본래자리는 움직이지 않는 우주의 자리이며, 그것은 이 세상의 만물과 연결되어 있는 바로 그 자리이며, '참나'의 자리이다. 그 자리를 찾아가기 위해서는 에고의 껍데기를 빗어아 하며, 수많은 생각과 업을 벗어내야지 도달할 수 있다. 복잡한 삶 속에서 나의 자리를 제대로 느끼는 것을 쉬운 일은 아니다. 그것은 깊은 집중 상태에 이르렀을 때 느낄 수 있는 것이다. 보통 사람으로서 수련이나 명상 없이 그러한 상태는 어떤 일에 집중하여, '나'라는 존재를 잊어버렸을 때, 그 역할에 완전히 몰두하여, 그것과 완전히 일체되는 경험을 했을 때 느낄 수 있다. 그 순간이 바로 우주와 접속한 순간이다.

하지만 '참나'로서는 세상에서 어떤 일을 도모할 수 없다. 그것은 움직이지 않는 시간과 공간을 초월한 자리이며 언제나 존재했고 앞으로도 존재하는 자리이다. 본질적인 자신이 누구인지를 확인한 순간이다. 그리고 인간은 '에고'라고도 부를 수도 있고 개성이라고 할 수 있는 다른 사람과 구별되는 자신만의 고유한 특징이 있다. 세상에 자신에 대해서 알 수 있는 많은 도구들이 나와 있다. (성격검사, 지문검사, 적성검사, 사주팔자, 체질검사 등)

이런 도구들이 나의 전체를 알려주지는 못하겠지만 부분의 진실을 알려주는 것은 분명하다. 세상에 나와 있는 많은 기법들 자체가 우주에서 전해준 정보이기 때문에, 각자의 역할에 따라 어느 정도의 진실을 내포하고 있다. 이런 것들 통해서 나의 신체적 특징에 따라 어떤 분야에 재능을 가지고 있는지를 파악할 수 있다. 나에 대한 정보를 많이 알고 있을수록 나를 이해하는 것에 도움이 되는 것이니까 나쁠 것이 없다고 생각한다. 다만, 한 가지에 얽매여서 모든 것을 그 한 가지로만 해석하려는 시도는 위험하다. 인간자체가 자유의지를 가진 존재로 갖가지 변수를 내포하고 있기 때문이다.

다음에는 살아가는 것이다. 진리는 살아가는 것, 살아내는 것 자체에 있다. 인간은 사람 사이에 살면서 사회화를 배워나간다. 사람 사이에서 관계를 맺고, 감정과 물질, 혹은 비전을 나누고, 자신이 속한 곳부터 변화시켜 가면서 세상을 살아간다. 살아가면서 우리는 수많은 존재들을 만나는 데, 다양한 사람과의 관계 속에서 나는 자신을 발견한다. 내가 가진 특성을 타인과의 관계를 맺으면서 상대적으로 다른 모습을 발견하는 것이다.

나의 모난 점을 깎아내고, 좋은 점은 수수작용으로 쓰면서 사람으로서 나의 형상을 갖춰가는 작용은 삶이라는 터전에서 이루어진다. 각자 자신만의 시·공간을 가진 우리들은 아주 찰나의 시간 동안 같은 시간과 공간 속에서 서로를 마주하지만, 이것은 우주의 영겁과 같은 시간 속에서 짧은 순간에 마주하는 인연이며, 각자의 시간은 각자대로 흘러갈 뿐이다.

그렇기에 내가 비교해야할 대상은 어제의 나, 작년의 나, 재작년의 나, 그렇게 자신과 비교해서 내가 얼마나 성장했는지, 생각이 어떻게 바뀌었는지를 살펴봐야 한다. 옛 선현들이 일기를 썼던 것은 그런 이치이다. 매일의 일상을 살다보면 내가 얼마나 변했는지를 가늠하기가 어렵다. 하지만 일기를 꾸준히 쓰다보면, 그 가운데 알아채지는 것이 있고, 전의 나와 현재의 내가 어떻게 변화되었는지를 알 수 있다. 인간의 기억은 일정 시간이 지나면 삭제되는 측면이 있어, 기록은 중요하다.

8. 어떻게 살아갈 것인가?

나: 내가 누구인지에 대해 어느 정도 인지가 되었다면 이제는 어떻게 살아갈 것인가에 대한 질문이 자연스럽게 떠오릅

니다. 한 말씀 해 주실 수 있는지요?

토정: 자신을 사랑해야 해. 어떻게 사랑할 수 있을까? 자신을 사랑하려면 성취하는 경험이 필요하다. 스스로의 힘으로 성취하는 것을 반복하다보면 자신에 대한 신뢰가 생겨 내적인 자신감이 차오를 것이다. 내 인생의 원력을 세워야한다. 원력을 세워야 힘이 붙고, 내 몸과 마음이 그 원력을 이루기 위해 움직이기 시작한다. 흔히 '미쳐야 미친다'라는 말을 하는데, 그것은 인간의 입에서 나온 말이 아니라 우주에서 나온 말이다. 그 만큼 몰두를 해야만 성과도 나올 수 있다는 이야기이다.

운동선수는 기량을 넓히기 위해 자나 깨나 그 생각만 하고, 수많은 시간을 연습을 하고도, 시각화 훈련까지 한다. 단순히 머리로만 하는 것이 아니라, 온 몸, 세포 하나하나 까지 그것에 집중하고 있는 상태이다. 새로운 연구결과를 발표하는 연구자들이나 철학자들, 학자들도 마찬가지이다. 한 가지 일에 몰두를 하여 생각의 장벽을 뚫고 뚫어 마침내 우주의 지혜에 닿았을 때 그 곳에서 하나의 정보를 탁! 하고 꿰차서 나오는 것이다. 우주의 선물은 바다처럼 무궁무진 하지만 그것을 받아서 현실화 하는 것은 인간의 몫이다. 그것을 가능하게 하는 것은, 몰입, 정성, 노력이다. 같은 말의 다른 표현일 뿐이며 이것은 좋은 목표이건 나쁜 목표이건 일정 수준의 몰입과 노력이 뒷받침되면 성과를 낼 수 있다는 말이다. 천재적인 생각은 사실, 찾아오는 것이다.

내가 이 생生을 통해 이루고 싶은 목표를 세우고 그 목표에 집중하여라. 내 생의 목표는 사람을 깊이 알고 사람에 대해 통달한 후 사람이 살아갈 수 있는 길을 열어주는 것이었다. 사람은 태어나면서 각자 직무가 있고, 그 다음 단계로는 소명, 그 다음 단계에 사명이 있다. 나의 경우는 사명을 하고 간 경우이고 대부분의 사람들은 직무를 해내는 것으로 자신의 역할을 다 하는 것이다. 그러나 가끔 소명을 받아 나오는 사람들도 있다.

원력을 세운다는 것의 의미는 자신의 욕망을 채우는 방향으로 나아가는 것이 아니라, 나의 가장 깊숙한 곳에 숨어져 있는 열정을 이끌어 낼 수 있는 일이어야 한다. 그리고 이것은 남을 살리는 것과 이어질 수 있어야한다. 인간이라면 누구나 선한 영향력을 발휘 하고 싶어 한다. 자신의 선한 영향력이 당대의 사람들 뿐 만아니라, 다음세대에도 이어질 수 있다면 그것은 인간으로 태어나 얼마나 보람 있는 일이겠는가? 따라서 아무나 할 수 있는 일이 아니기도 하지만, 또한 평범한 내가 이뤄낼 수도 있는 것이다.

9. 나는 세상에 태어나 어떤 일을 하고 싶은가?

그 일이 나의 가슴을 뛰게 하고, 내가 이 일에 무척 몰두해 있다는 것을 주변사람들도 알 수 있을 만큼 나는 이 일을 좋아하는가? 이 일을 함으로써 나는 세상에 어떻게 기여를 하고 싶은 가? 이런 질문들을 생각해 보길 바란다. 사람으로 태어났다면 이런 질문들을 가슴에 품어야 하는 것이다. 그

동안은 인간으로서의 자신을 과소평가 했겠지만 인간은 본디 '신의 아들' 이라는 것을 잊지 말아라. 지금은 비록 좀 모자라기는 하지만 말이다. 허허허!

원력을 세웠다면 다음에 해야 할 것은 원력으로 도달하기까지 스스로 성취하는 것을 여러 번 맛보아야 한다. 그 과정 속에 나도 할 수 있다는 자신감을 얻고, 앞으로 나아갈 동력을 얻을 수 있다. 그리고 원력을 향해 나아간다는 것은 그만큼 몰두를 해야 한다는 의미이기 때문에 주변정리를 해야 한다. 인간관계를 내가 관리가 가능할 정도로 정리를 해야 한다.

주변을 정리한다는 것의 의미는 단순히 인간관계에만 한정되지 않는다, 나의 방 정리, 옷 정리, 물건 정리, 나를 둘러싼 모든 관계에 해당된다. 그렇게 간소하게 정리된 삶을 살아야, 내가 하고자 하는 일에 동력을 낭비하지 않게 된다. 여기서 가장 중요한 것은 나의 마음의 정리이다. 선현들이 매일 자신을 반성하는 시간을 가지고 일기를 썼던 것도 같은 맥락이다. 매일 자신의 삶을 돌아보고 걱정거리를 잠을 자는 순간까지 가져가지 않도록 마음 정리하는 것을 연습해야 한다.

주변정리의 의미를 오해하여, 냉정하게 모든 관계를 끊어내고, 자신에게 방해가 된다고 싶은 것들을 끊어내라는 의미가 아니라, 마음에서 집착을 버리라는 의미이다. 냉정한 사람들은 원래도 잘 끊어내는 성격인데, 이런 사람들은 오히려 견뎌내고, 타 존재에 대해 관심을 가지고 사랑을 가지는 것을 연습해야 할 것이다. 처음에는 아주 어렵겠지만 낙숫물이 바위를 뚫듯, 그런 마음으로 연습을 하다보면 언젠가는 계절이 변화는 것을 보고, 낙엽이 떨어지는 것을 보고도 마음 아파하는 자신의 발견할 수 있을 것이다.

10. 예측이 맞지 않는 이유

나: 사람의 미래를 봐주는 과정이 쉽지는 않았을 것 같습니다. 그리고 그 예측이 틀리는 경우도 있었을 것 같습니다. 미래를 완벽하게 예측할 수 없는 이유가 있습니까?

토정: 인간에 대한 정보는 인간이 가지고 있는 변수가 있기에 완벽하게 예측을 한다는 것은 불가능하다. 인간자체가 이미 수 천, 수 만 가지의 변수를 낳을 수 있는 존재인데, 그 중에서 자신이 어떤 선택을 하느냐에 따라 방향이 정해지는 것이다. 자신이 결심을 하기 전에는 모든 것은 가능성의 상태로만 존재한다. 그런 이유로 인간에 대한 일을 완벽하게 예측하는 것은 애초부터 불가능하다.

인간이 창조해 낼 수 있는 변수 중에는 선인이 될 수 있는 가능성부터 동물의 단계까지 퇴행하는 경우까지 다양하게 있는데, 나는 그 흐름 중에서 이왕이면 긍정적으로 나아갈 수 있는 흐름을 뽑아서 그 방향으로 이동하게끔 인도한 것이라고 볼 수 있지.

일단, 인간에 대한 정보는 천기天氣에 해당한다. 인간의 몸을 가지고 있는 이상 천기에 대한 흐름을 읽어 그것을 함부로 일상에 적용하다간 한 사람의 미래를 내가 망치게 될 수도 있다. 즉, 겪어야 할 것은 제대로 겪지 않고 넘어가게 한다거나, 필요해 의해서 일어난 일을 피하게 도와준다던가 하는 일이다. 인간의 입장에서 바라보았을 때는 필요한 일일지도 모르지만 영적인 관점에서 보았을 때 그 사람이 그 당시에 어떤 사건을 겪어 그 것을 통해 성장하는 것이 필요한 상황에서는 그것 까지 알아차려 일부로 도움을 주지 않는 것이 진짜 필요한 경우일 수도 있기 때문이다.

이런 사항까지 두루 알아채면서 인간의 길흉화복에 대한 안내를 할 수 있기 위해서는 우선 안내자의 마음 바탕에 정심 正心이 깊이 자리 잡고 있어야 한다. 정심이라는 것은 바른 마음이다. 바른 마음의 바탕은 일단 내 마음에 사적인 것을 추구하는 것이 없어야 한다. 자신의 감정, 생각, 오감을 비우는 훈련을 하여야 가능한 것이 정심이다. 인간의 생각, 감정, 오감을 비워내면 열린 마음으로 있을 수 있어, 상대방에 대한 정보를 전체적으로 읽을 수 있게 된다. 인간에 대한 정보는 인간으로 있는 이상 온전히 알 수는 없다. 하늘에서 정보를 내려 줄 때 일정 부분 가려서 주기 때문이다. 그 이유는 인간 자체가 무궁무진한 변화를 내포한 존재이기 때문에, 미리 방향을 알려주었다가는 자신의 가능성을 제한하는 결과를 나을 수 있기도 때문이다. 예측이 쉽지 않은 이유는 바로 그것이다. 어떤 예측도 100%는 없다.

11. 현대에도 유효한 사주와 점술

나: 컴퓨터로 날씨나 미래를 예측하는 기술이 발달 해 있어, 과학자들은 5년 후의 세상, 10년 후의 지구모습을 예측하기도 합니다. 그럼에도 불구하고 사주팔자, 각종 점술, 예언에 대한 관심을 사그라지지 않고 있습니다. 사주는 정해진 것인데 해석하는 이에 따라 내용의 차이가 나는 이유가 무엇인가요?

토정: 인간의 변화가능성에 초점을 맞추어 미래를 예측하였다. 대략적인 것이야 정해져 있지만 사람의 신수라는 것이 마치 공장에서 물건이 제조되어 나오는 것처럼 일정한 공식을 대입하면 그에 맞는 물건만 딱 제조되어 나오는 것이 아니라 사주라는 것은 어떻게 보면 시간과 공간에 펼쳐진 그림 같은 것이다.

내가 타고난 오행의 요소들이 형상으로 펼쳐진 상태라고 하면 이해가 쉬울 수 있겠다. 사주나 주역을 해석하는 방법은 수학공식을 넣고, 그에 대한 답변이 나오는 것과 같이 히는 것이 아니라, 형상과 흐름을 보는 것이다. 현대식으로 말하자면 스토리텔링이 구성되는 것이다. 그것을 해석하는 사람의 인문학적 깊이, 삶을 바라보는 통찰력에 따라서 단순히 길흉화복을 말하는 것이 아닌, 채워지는 흐름이 오면 비워지는 흐름이 오고, 올라가는 시기가 오면 내려가는 시기가 오고, 금전이 들어온다고 했을 때, 반드시 그에 상응하는 일이 있으니, 인생을 바라볼 때 좋은 일, 나쁜 일 이런 식으로 단순하게 파악하기 보다는 어떤 일이 닥쳤을 때 그 흐름을 어떤 식으로 조절 할 것인가에 대한 인생의 지혜를 얻는 것이 사실은 핵심이라고 할 수 있다.

자신의 의지를 키워서 흐름에 휩쓸리지 않고, 자신이 그 흐름을 조절 할 때, 인간은 비로소 운명의 주인이 되는 것이다. 내가 사람들에게 앞날을 얘기 해 주었을 때는 그 점에 유의했다. 자신의 의지로 운명을 변화시켜나가는 것만큼 긍정적인 것은 없기에 스스로의 가능성을 깨워주려고 했던 것이지.

사람의 운명은 정해져 있는 것 같아도 정해진 것만 못한 삶을 사는 경우도 있고, 변수로 인하여 정해진 운명과 전혀 다른 삶을 살아가는 경우도 있다. 단순히 사주만으로 모든 것을 말할 수는 없는 것이다. '나라는 존재자체가 생명활동을 하며 살아가는 존재이기에 이러한 특성을 가지면 이러한 결과를 대충 낳을 것이다.'라는 정도의 해석은 존재하지만 그것도 고정된 것은 아니다. 그리고 하늘의 입장에서 바라보았을 때는 삶의 반전을 여러 차례 이루어 내는 사람들이 많아졌으면 하는 바람이 있다.

스스로가 자신의 정보를 해석하는 것이 제일 좋으나 '사심'이 개입하는 순간 정보는 엉뚱하게 해석될 여지가 많다. 그러므로 삶의 경험이 풍부하고, 통찰력이 있고 인간에 대한 연민을 갖춘 이가 상대의 운명을 읽어줄 수 있다면 나의 '진화'에 바람직한 것이다. 단순한 데이터에 의한 미래예측이라면 미래에 대한 대비를 할 수 있겠지만 주역, 사주, 토정비결에 의한 예측이라면 자체로 인문학 적이고 철학적인 성격을 지니고 있어, 이를 대하는 태도는 일종의 영감이나 삶에 대한 통찰력을 키울 수 있도록 도와주는 '인생지도' 라고 보면 좋을 것 같구나.

나: 사람에 대한 정보를 아는 것은 하늘에서도 금기시 하는 분야라고 들었습니다. 미래를 예측해줌으로써 그 사람이 겪어 넘어야 할 것을 넘지 못하게 한다면 상대에게도 좋지 못하고 스스로에게도 업이 되는 것이 아닌가요? 그런 점에 대해서는 어떻게 처리하였는지 궁금합니다.

토정: 인간을 구성하는 4인자 중 사주는 시간인자에 대항되는 요인이다. 그래서 인간의 모든 것을 나타내지는 않는다. 어떤 삶이 하늘의 입장에서 보았을 때 좀 더 귀하다고 여기는 가는 정해준대로만 살지 않고 자신의 삶을 창조할 수 있는 것이다. 그러기 위해서는 일단, 자신의 사주를 스스로 알고 있어야 한다. 변화를 할 수 있으려면 자신의 정보에 대해 알고 있고, 자신이 어떤 사람인지, 어떤 성향을 지니는지 파악하고 있어야 스스로에 대한 변화를 일으킬 수 있는 것이다. 일단 알아야 거기서부터 시작하지, 알지 못하는 상태에서는 그저 휩쓸려 살게 될 뿐이다.

내가 했던 일은 방향을 알려줌으로써 당사자가 자신의 인생을 능동적으로 대처할 수 있게 돕는 것이었지, 술수를 쓴다거나, 비책을 알려주어 재난을 피하게 한다거나 겪어야 할 일을 겪지 않고 도망가게 만든 것이 아니다. 겪어야 할 일의 강도를 약하게, 현명하게 넘어갈 수 있도록 도운 것에 가깝다고 할 수 있다. 단정적으로 타인의 인생에 개입하여 이래라 저래라 하는 것은 닫힌 결과를 초래하여 그 사람의 미래 가능성을 막아버리는 것이어서 삼가야 할 것이다.

'인생을 살아가는 것은 어딘가에 매인 것 보다는 자신의 의지로 참여하는 비율이 높을수록 진화하는 삶이다.'

사주팔자를 대하는 태도도 그러하다. 운명이라는 것에 너무 얽매일 필요도 그렇다고 미신으로 치부하는 태도도 바람직하지 않다. 사주팔자라는 것은 내가 이번 생은 이렇게 살아보겠다고 계획한 인생지도이다. 자신은 잘 기억이 나지 않겠지만 자신이 계획했거나, 아니면 신들이 설계했으나 최종적으로는 자신이 동의를 한 형태로, 나의 의사가 반영된 인생지도인 것이다. 우리는 많은 정보가 막혀있고 기억이 나지 않기에 운명을 비난하고 탓하기도 하지만 사실은 태어남 자체부터가 오랫동안 자신의 '바람'으로 이루어진 것이라는 것을 아는 사람을 많지 않은 것 같구나.

12. 사주를 공부해야 하는 이유

사주를 공부해야 하는 이유는 운명이 정해준 대로 살아가려는 것이 아니라, 내 운명의 지도의 형상을 깨닫고 내 삶을 능동적으로 살아가기 위해서이다. 내 운명, 내 습관, 내 성향, 이런 것들을 알아야 스스로 바꾸려는 힘도 생기는 것이다. 나의 문제점이 무엇인지도 모르는 상태에서는 무엇을 바꾸어야 하는지, 어떤 점을 실천해야 하는지도 모른다. 무지가 '악'을 낳는다고 하지 않느냐?

나를 변화시키고 주변을 변화시키기 위해서는 '나'에 대해서 알아야 한다. 그렇기 때문에 사주를 공부하는 것이 필요하다. 나의 넘치는 부분과 모자라는 부분, 용신, 이런 것들에 대해 파악하고 내가 그 동안 어떤 식으로 살아왔는지를 파악하여, 앞으로는 이 흐름을 어떻게 긍정적으로 이용할 것인지 생각을 변화시키면 된다. 단순히 사주에 관한 정보 외에도 환경, 의지, 영성적인 부분에 의해서 자신이 변화할 가능성도 크다. 자신의 근본적인 정보가 무엇인지 알고 이를 어떻게 끌어갈지에 대해 연구하고 실천하는 것이 진정한 의미의 교육이다. 하지만 스스로에 대한 근본적인 질문은 제외하고 단순히 지식위주, 머리위주의 교육이 만연해 있는 오늘날의 교육으로는 자신의 잠재력을 이끌어 주지는 못한다.

사람들이 사주에 대한 인식수준은 미신을 대하는 것 이상도 이하도 아닌 것처럼 보이는구나. 옛 선비들은 공부를 시작함에 있어 가장먼저 '나는 누구인가'에 대해 깊은 성찰을 하고 그 후 사주나 여러 가지 자신을 알아볼 수 있는 방법을 통해 이번 생에서의 자신의 역할을 알고 삶을 살았던 것이지, 단순히 부귀영화를 누리고자 주역을 본다거나, 사주를 공부한 것이 아니었다. 오늘날에는 자신이 왜 태어났으며, 살면서 무엇을 배워야 하고, 어떻게 살아야 하는지에 대한 근본적인 질문은 없이, 자신의 안후한 삶을 위해, 길흉화복을 점치기 위해 사주나 주역을 대하는 경향이 있다.

'자신의 근본적인 정보가 무엇인지 알고 이를 어떻게 끌어갈지에 대해 연구하고 실천하는 것이 진정한 의미의 교육이다.'

주역은 변화하는 세상의 운행원리를 풀어놓은 궤이며 사주는 내가 이 세상에 가지고 온 시간인자로써 내 삶의 지도이다. 이러한 사주구성을 통해, 이런 성격적 특징, 오행의 특징, 이런 삶의 방향을 구성하여 살아보겠다고 나온 것이다. 내 삶의 지도를 보며 내가 생각할 것은 이러한 삶을 '살아라'하고 지도를 준 우주의 뜻은 무엇인가에 대한 질문이 선행되어야 한다. 내가 싫다고 해서 이 요소들은 빼어 버리고 저 요소들은 넣는 수준의 것이 아니다. 보다 높은 차원에서 계획된, 고도의 교육프로그램이 바로 사주팔자이다.

각자의 삶은 거대한 영혼 교육프로그램이다. 한 사람의 삶 자체가 경험과 감정을 통해 깨달음을 얻고 지혜를 얻는 과정이다. 우주의 관점에서 보면 짧은 세월동안 우주의 한 사이클을 경험하고, 지구에서 양 극단을 오가는 공부를 하면서 '중도'를 알아가는 과정이 진정한 의미의 공부이다. 그것은 반드시 몸을 통해서 깨달음을 얻어야 한다. 이번 삶을 마치고 다시 돌아가게 되었을 때, 내 삶은 평가를 받는 것이며, 이는 지상에서도 어떤 과제를 끝마친 후 평가과정이 있는 것처럼 내 삶도 마찬가지로 그러한 과정을 그친다. 모든 삶

이 의미가 있는 것이며 각자의 삶은 소중한 것이다. 이 세상
에 태어난 인간은 모두 죽는다. 이것을 잊지 말아라.

Ⅲ 팬데믹(2020), 그 후

1. 곤괘가 나오다

나: 올해(글을 쓸 때가 2020년이었다) 전 세계적으로 전염병이 번지는 것에 대해 주역점을 보았더니 '곤괘'가 나왔습니다. 선인님께서는 현 시대를 어떻게 보시는가요?

토정: '곤괘'라고 보는 것이 맞겠지. 어려움이 닥친 시기에는 지난날을 되돌아보고 반성해야 한다. 이번 어려움이 이전과는 사뭇 다른 양상으로 펼쳐지게 된 원인이 무엇이고, 그것에 대해 인류가 각성하고 회복하려는 마음으로 현 사태를 대하면 답은 생각보다 빨리 찾을 수 있다.

먼저 기후변화로 인한 생태계의 파괴가 현재의 어려움을 초래한 원인이 된 것 아니냐? 그 동안 인류가 했던 행동에 대한 반성이 있을 때 진정한 치유가 일어날 것이다. 어떤 사태가 발생할 때에는 그 원인이 반드시 한 가지에 있는 것은 아니다. 겉으로 보여지는 사건은 한 가지이지만 그 사건이 초래된 수많은 인과에 의해서 이루어진 것으로 하늘에서 보는 것은 그 일을 통해 인류가 얼마나 각성하는 가에 달려있다.

지구절기상 기후변화가 일어나는 것이지 인류의 생태계 파괴 행위와는 상관이 없다고 생각하는 사람들도 있을 것이고, 생태계 파괴로 인해 일어난 일이라고 생각하는 사람들도, 다양한 음모론을 믿는 사람도 있을 것이다. 하지만 위에서도 언급했던 것처럼 '이것은 맞고 저것은 틀리다'라는 식으로 상황을 보아서는 빙산의 일각만을 파악할 뿐 근본원인은 알지 못하는 것이다. 이 세상에 일어나는 것은 우연인 것이 없다. 우연인 것처럼 보여도 우연을 가장하여 일어나는 일이다. 언제라도 이런 사태가 일어날 수 있는 상황은 언제나 있어왔고, 어떤 것이 원인이어도 이상하지 않을 상황이다. 어떤 것이 원인이 되었든 비슷한 일은 일어날 수 있었다고 생각한다. 그렇다면 중요한 것은 나는 이 사건을 통해 무엇을 느끼고 어떻게 행동할 것인가? 이것이 개인에게 주어진 문제이다.

2. 인간의 각성과 진화가 필요한 때

하늘의 입장에서 바라는 것은 오로지 인간의 각성과 진화이다. 쉽게 풀이하면, 인간다운 인간이 되고, 영적인 성장을 이뤄내고, 세상을 구하고 하늘을 이해하는 인간으로 성장하는 것이다. 그렇게 될 때 인간은 하늘과도 대화가 가능하다. 각자의 양심에 질문을 해 보면 답은 쉽게 나올 것이다. 소비를 절제하고 검소한 삶을 살고, 자신의 자리를 지키면서 헛된 욕심을 부리지 않는 것, 그리고 나를 둘러싼 지구촌이 서로 연결되어 있다는 것, 나는 내 자리에서 나의 몫의 책임을 다하면서 다음세대에 아름다운 유산을 물려주어야 한다는 것. 이것은 지구를 살아온 이래 모든 시대의 인간들의 공통된 의무였다. 지금 각자가 서 있는 자리는 먼저 이 땅을 다녀간

선배들에 의해 일구어진 자리이며, 현재를 살아가는 우리 각자는 또 다음세대에게 지구를 물려줄 의무를 지니는 것이다.

전 지구적인 위기가 닥칠 때에는 전 인류가 각성하여, 같은 문제를 인식하고 전 지구적인 차원에서 문제를 논의하고 해답을 찾아가면 의외로 현재의 위기는 쉽게 해결될 수 있다. 이것을 각성하지 못하고, 현재와 같은 패턴으로 삶을 이어간다면, 그 결과는 불을 보듯 뻔하지 않느냐? 방법은 이미 나와 있을 것이다. 이에 대한 합의가 필요한 시점이다. 왜 행동하지 않는가?

먼저, 인간은 자연의 일부라는 것을 알고 있어야 한다. 단순히 머리로만 자연의 일부라고 인지하는 것이 아니라, 자연 속에서 살고, 먹거리를 길러내고, 교감하는 과정 속에서 인간이 실로 대자연의 산물임을 느끼는 것이다. 하지만 현대인들은 도시생활을 하면서 대하는 자연은 인공적으로 조성된 거리를 보면서 자연이라고 느끼는 실정이다. 태어나서 자라나고 세상을 떠날 때 까지 쓰레기를 산처럼 쌓아놓고 가는 것이 인간임을 자각한다면, 타 존재에 대해 어떤 마음을 가져야 하는지 알 것이다.

내가 서 있는 그 자리에서 실천을 하고 마음으로 진심어린 사과를 하는 노력을 기울여야, 그 마음이 자연계에도 전해진다. 진심이어야 한다. 우리가 모르는 것은 세상에 존재하는 만물에는 공통적으로 '마음'이라는 것이 있다는 점이다. 마음에서 먼저 위로를 받아야 치유가 일어나고, 치유가 일어나면 행동이 일어난다. 현 시대에 지구의 인류가 각자의 집에서, 공동체에서 필요한 것은 자연에 대한 진심어린 '사과'이다.

3. 조선시대의 역병 vs. 현대의 역병

나: 선인님이 살던 시대에도 역시 역병은 있었고 자연재해가 있었습니다. 그 시대와 현 시대의 공통점과 차이점이 있다면요?

내가 살던 시대는 세상의 질적 변화가 필요한 시점이었다. 기존의 질서가 무너지면서 세상을 이끌어 갈 지도자가 부재했던 시대였기에 백성들은 한 치도 알 수 없는 개개인의 삶을 이끌어가야 했다. 밖으로는 전운이 감돌았고, 안으로는 각종 사화로 인한 정치적 혼란이 이어졌으며, 지속되는 자연재해로 민생이 불안했고, 엎친 데 덮친 격으로 역병까지 돌았던 시대였다.

지구적으로는 소빙하기를 겪고 있어서 자연재해가 온 부분도 있겠지만, 자연은 나름대로의 의사체계가 있는 살아 숨 쉬는 유기체이기에 인간사에 영향을 받기도 한다. 자연재해가 일어나는 이유 중에는 불안하고 원망하는 인간의 마음이 전달되어 자연재해라는 형태로 나타나기도 하는 것이다.

당시 급박하게 돌아가고 있는 세상을 바라보며, 과거를 보아 중앙 정계에 진출하는 것 보다 직접 민중의 삶에 뛰어들어 현실적으로 돕는 것이 더욱 필요하다고 보았다. 퇴계이황, 율곡이이, 남명조식, 화담 서경덕, 격암 남사고등 당시에는 수많은 선각자들이 있었고 각자의 위치와 자리에서 조선의 병증을 해결하고자 했던 것이고 그 중에서 나는 현실적인 방법으로 시대의 병증을 고치고 싶었던 것이다.

누가 더 옳고 그른 것은 없으며, 모든 것은 필요한 흐름이었다. 다만, 내 입장에서 말할 수 있는 것은 정치인의 입장에 서라면 가장 먼저 중요하게 생각해야 할 것은 백성들의 '밥'이라는 점이었다. 기본 생존이 보장 되어야 그 위에 다른 가치들을 도모할 수 있다고 판단했기 때문이다.

4. 사상적으로 다양했던 16세기

자신의 능력과 역할에 따라 각자가 할 수 있는 것들이 있다. 하지만 정치에 있어서만은 세상의 흐름에 깨어있고, 실무에 밝으며, 민생안정이 다른 어떤 가치에 우선한다는 것을 알아주었으면 한다.

내가 해야 할 일에 대한 결심이 서고 나는 갓을 벗어던지고 자유로운 몸으로 전국을 돌아다녔다. 그 과정에서 백성들의 삶을 실상을 파악하고 느끼고, 내가 해야 할 일을 더욱 구체적으로 알 수 있었다. 스승이 따로 존재했던 것이 아니었다. 세상 사람들이 스승이었고, 그들을 통해 나는 여러 분야에 대한 지식을 쌓을 수 있었다. 다양한 경험을 통해서 생각의 유연성을 키울 수 있었고, 중병에 든 조선시대를 구할 수 있는 방도들을 익혀나갔다.

나는 그간의 경험을 통해 조선을 구제할 자신이 있었다. 문제는 조정에서 나의 말에 귀를 기울일지의 여부였지.

나: 당시 선비라고 하면 우주의 이치라든가 진리에 매진하던 때였다. 사림은 성리학적 질서로 조선의 근간을 세우려고 했다. 그런 시절에 어떻게 상업, 공업, 천문, 지리 같은 분야에 관심을 기울였는지 궁금합니다.

토정: 사람들이 오해를 하는 데 나는 기본적으로 '성리학자'였다. 성리학을 기본으로 공부를 마친 후에 다양한 사상을 공부하고 서로 비교하고, 보충해 나갔던 것이다. 나에게는 항상 '균형'이 중요했다. 이론에만 너무 치우치면 허약하고 실용에만 치우치면 정신이 없다. 내가 당시 선비들과 다른 생각을 가졌던 이유는 자유롭고 개방적인 성향을 타고 난 것도 있지만 우선 민생이 안정되어야 그 토대 위에 사상적 발달도, 문화적 발달도 있을 수 있다고 판단했기 때문이다. 경제와 정치적인 분야는 사회의 가장 하부에 위치한 제도이다. 인간의 몸으로 따시면 뼈대라고 할 수 있지. 그 부분이 허약하면 다른 분야를 지지해 줄 수가 없다. 조선은 바로 뼈대가 무너지고 있던 상황이었다.

율곡이이 선인, 퇴계이황 선인께서 주장한 군왕지학이 잘못되었다는 의미는 아니었다. 그 분들은 위에서 부터의 변화를 꾀하였던 것이고 철저히 성리학적인 틀에서 생각하셨던 분들이다. 그리고 그 시대의 정도는 성리학을 바로 세우는 것이었기에 현대인의 관점에서 판단하는 것은 무리가 있다. 나는 다만, 아래로 부터의 변화를 꾀했던 사람이다. 두 가지 흐름이 만나서 함께 작용을 하였더라면 16세기 조선은 우리가 기억하는 모습과는 다른 모습으로 변화를 꾀할 수 있었을 텐데, 나의 의견이 조정에 받아들여지지 못했던 것은 당시 지도자들이 깨어있지 못했던 탓이지.

다양한 분야에서 각 분양의 병증을 치유하려는 사람은 많으면 많을수록 좋은 것이다. 그리고 그 분야들 사이에 연결이 일어나, 융화가 될 수 있다면 각개 전투할 때와는 비교할 수 없는 변화를 도모할 수 있는 것이다. 내가 살았던 시대와 현 시대의 다른 점은 미디어의 발달로 사람 간에 지식을 나누고 소통을 확대할 수 있는 수단이 다양하기 때문에 각 분야의 결합과 소통과 융합을 이끌어 낼 수 있다는 점이다. 그렇게 하기 위해서는 서로 만나야 하고 소통을 해야 한다.

현 시대에 희망을 가질 수 있는 이유는 이 점이다. 내가 살았던 시대에는 정보들이 막혀있고 서로 공유하는 것이 어려운 시대였다. 그것을 지식인층과의 소통으로 백성들을 구할 수 있는 방도들을 알려주려고 했으나, 그들의 인식의 부족으로 내가 평생도록 쌓아왔던 지식은 공유될 수가 없었지. 그러나 현 시대는 각 개인별로 소통하여 모임을 만들어 갈 수 있고, 작은 모임들이 만나 큰 모임으로 나아가 시대의 흐름을 만들어 갈 수 있는 힘이 있다.

말세라고는 하지만 어떤 시대건 악의 조건 속에서도 긍정적인 흐름은 반드시 있다. 현 시대의 병증을 고칠 수 있는 방법은 개개인이 그러한 긍정적인 흐름에 기여하는 것이며, 혼자가 아닌 둘, 셋, 이렇게 모여서 할 때 더욱 큰 효과를 볼 수 있다는 것이다. 특히 한민족들은 한마음의 힘을 잘 알고 있는 민족이다. 너무 똑똑한 나머지 평소에는 뭉치는 것이 힘들지만 국가적인 위기가 닥쳐올 때 마다 똘똘 뭉쳐 나라의 위기를 극복했던 예가 있지 않은가? 그러한 잠재력이 남다른 민족이 한민족이다.

5. 현대에 와서도 식지 않는 인기: 점술, 예언, 풍수

점술이나, 비결 같은 예언서에 사람들의 관심이 많아지는 시기에는 기존의 사회질서가 제대로 작동하지 못하고, 혼란스러운 상황이 빈번하게 연출될 때이다. 사람들은 더 이상 기존의 가치에 정착하지 못하고, 스스로 알아서 살아남아야 하는 상황에 놓이게 된다. 내가 살았던 16세기의 조선시대는 정치적으로는 각종 사화가 발생하여 많은 지식인 계층들이 죽임을 당하였고, 한 마을 전체가 텅 비는 일들도 허다했다. 각종 사연새해가 발생하였고, 선운이 삼노는 가운데, 일반 백성들이 스스로의 운명을 알 수 없고, 살아가는 것 자체가 고난의 연속인 시대였다.

현재를 살아가는 우리들은 시간적으로는 새로운 시대를 살아간다고 생각하겠지만, **시간은 직선이 아닌 나선형으로 흘러간다는 것을 안다면**, 현재에 겪고 있는 일들이 과거에도 있었던 일이며, 현재에 대한 답을 얻고 싶다면 과거에 어떤 일이 있었는지를 살펴본다면, 우리는 최소한의 실마리는 얻을 수 있는 것이다. 현재의 인류가 겪고 있는 문제들은 내가 살았던 16세기의 조선백성들도 겪었던 일들이다. 겉으로 보여지는 형태나 속도에 있어서는 다른 것으로 보일 수도 있겠지만 문제의 근본 원인과 의미에 있어서는 비슷하다는 이야기다. 누구에게도 기댈 수 없고, 삶의 방향을 알 수 없었던 백성들은 각자가 살 길을 마련해야 했고, 그런 백성들에게 도움을 주고자 만들었던 것이 토정비결이다.

민생에 대한 지침이 전무하고, 나라의 어른이 부재했던 시대, 따라서 백성들은 스스로 삶의 방향을 찾아 살길을 찾아야 했던 시대에 나는 그들에게 살 길을 마련해주고 싶었다. 토정비결의 신수내용이 대부분 희망적인 내용을 담고 있었던 이유는, 그것 자체가 도탄에 빠진 사람들에게 방향을 제시해주는 역할을 할 수 있었기 때문이다. 어둠 속에서 빛의 역할이 무엇인가?

아무리 작은 빛이어도 빛은 빛이다. 그것을 등불로 삼아 의지하여 동굴 밖으로 나올 수 있게 하는 것이 빛이다. 희망이라는 것은 어둠에 빠진 삶에서 가질 수 있는 한 줄기 빛과 같은 것이며, 그것이 있기에 사람은 삶에 대한 불씨는 꺼뜨리지 않고 매일을 살아갈 수 있는 것이다. 나는 결국, 사람들의 마음속에 어두운 삶 속에서도 살아갈 수 있는 동력을 심어주려고 했던 것이다. 인간이 가지는 마음의 힘은 보통 사람들이 상상하는 것 이상이다. 마음의 방향만 제대로 갈

길을 찾을 수 있다면 실로 많은 것들을 이뤄낼 수 있는 것이 인간이기도 하다.

외부상황이 악화일로를 치닫고 있을 때, 내가 하고자 한 일은 **외부를 바꿀 수 없을 때 내면을 바꾸어 보려고 한 것이다.** 마침내 나의 내면에서 긍정하는 에너지가 외부의 부정에너지를 돌파할 때 우리는 변화를 만들어 내는 것이다. 내가 백성들의 삶을 살리기 위해 했던 일들이 결국 이것을 위한 것이었다.

내가 살았던 시대와, 내가 했던 여러 가지 일들을 현대적으로 해석하여 시대에 맞게 적용시킨다면, 현 인류가 가지고 있는 문제들에 대한 답을 얻을 수 있을 것이다. 전 지구적인 위기가 닥칠 때 인간이 할 수 있는 일이란 서로 뭉쳐야 한다는 것이며, 넘치는 것은 부족한 곳에 실어주어 서로 소통을 시키고, 합심하여 생각하다보면 불가능한 일들도 가능한 것으로 바뀔 수 있다는 것이다. 문제는 그것을 해 낼 의지가 있느냐 없느냐의 유무이다.

혼란스러운 상황에서도 흐름을 잘 살펴보면 살아갈 수 있는 방도는 반드시 있다. 지도자의 역할은 방향을 알려주는 것이며, 혼란스러운 시대일수록 곳곳에서 작은 지도자들이 나와서 세상을 이끌어 가야할 것이다. 큰 방향을 알려주고 큰 흐름을 이끌어 나가는 것은 변수가 워낙 많은 이 시대에는 어려운 일이라, 자신이 있는 자리에서 각자가 시대에 깨어있고, 자신이 깨달은 만큼 행동으로 변화하고 그 삶을 보여주는 것이 필요하다.

> *'어떻게 살 것인가?*
> *기존의 질서를 따라가면 그 끝에 무엇이 있을까?*
> *내 삶을 새로이 창조하다보면 그 끝에 무엇이 있을까?*
> *잃을 것이 없는 시대이다.*
> *그래서 오히려 좋은 것이 있다.*
> *새로운 시도를 해 볼 수 있다는 점이다.*
> *나의 노력이 훗날 수많은 사람들을 먹이고 살릴 수 있는*
> *일이 될지도 모른다.'*

6. 산천을 다니면서 했던 공부

팔도를 돌아다니며 느낀 것은 재화는 유통이 되어야 한다는 것이다. '돈'의 특성은 흘러야 하는 것이다. '돈'은 어디론가 흘러가고 쓰이는 것이 돈이 태어난 목적이다. '돈'이라는 것 자체는 하나의 목표가 될 수 없다. 그것은 도구이다. 이 도구의 특징은 어딘가에 쓰이고 흘러야지만 자신의 소임을 다한다는 특징이 있다. '돈'이라는 것도 자신이 태어난 목적에 따른 바람이 있는 것이다.

희한하게도 돈은 내가 쓰면, 또 그만큼 들어오는 것이 특징이었다. 사심 없이 타인을 위해 돈을 쓰게 되면, 어떤 흐름에 의하여 비워진 만큼 반드시 돈이 흘러들어왔다. 이상하지 않느냐? 하지만 이것이 우주의 법칙이다. 재화와 자원이라는 것은 여러 사람에게 필요한 곳에 쓰이기를 바란다. 그렇기 때문에 그것을 잘 유통하고 나눔이 잘 실천되는 곳에 그 만큼의 부가 흘러가게 되는 것이다. 만약에 돈을 잘 벌고 싶다면, '돈을 벌겠다'라는 명제 자체에 집중 하는 것 보다, '이것을 어떻게 나누고 싶다'에 집중을 한다면 더 많은 새로운 생각과 방법들이 떠오를 것이다.

나: 이지함 선인께서 나라의 '부'를 증대하기 위한 방법으로 제시한 것 중에 농본위주의 조선사회에 '바다'와 유용함과 무역의 필요성을 소개한 점이 새로웠습니다.

나: 사람들은 풍수나, 관상, 점술, 사주팔자에 대해서 양가적인 시선을 가지고 있습니다. 한 편에서는 신비롭고 동양의 오래된 지혜라고 여기는 반면, 다른 한 편에는 과학적인 사고와는 동떨어진 미개한 문화로 여기기도 하지요. 그럼에도 불구하고, 선거철만 되면 혹은 유명한 기업들이 기업건물을 지을 때면 항상 유명한 지관들을 대동하고 지역 풍수지리를 알아본다거나, 유명한 점쟁이를 찾아가는 일이 잦습니다. 이런 현상에 대해서는 어떻게 보시는지요?

토정: 인간이 감각으로 알 수 있는 영역은 그리 많지 않다. 당장 동물들이나 곤충과 비교해도 인간이 가진 신체적 능력이 얼마나 떨어지는지 알겠지. 그래서 인간의 입장에서 합리적이고 과학적이라 여겨지는 것들이 하늘의 입장에서는 사실 빙산의 일각도 안 되는 지식일 경우가 많다. 물론 과거의 유산들이 비과학적이고 현대인의 눈으로 바라보면 미개하고 뒤쳐진 것들로 보이는 것들도 있을 것이다.

그러나 수 천년동안 인간의 삶을 뒷받침 해 온 철학이나 가치들은 오랜 세월을 견딜 수 있었던 내공이 있는 것이다. 세월이 변해도 사계절의 변화는 계속되고, 아침이 오면 해가 뜨고 밤이 오면 달이 뜨는 것처럼 절대 변화하지 않는 것들이 있다. 이것을 우리는 **진리**라고 부른다.

일견 미신의 영역으로 치부되는 것들도 따지고 보면 인간이 설명할 수 없는 영역이기에 미신이라고 여기는 것들도 있을 것이고 실제로 무지하기 때문에 미신을 키워가는 측면도 있을 것이다. 그러나 풍수지리, 관상, 손금, 사주팔자 같은 것들을 미신으로 치부하고 수준 낮은 철학이라고 여기는 이유는 아마도 한국이 근대화 과정을 거치면서 과거의 문화유산이라고 하면 업신여기는 태도가 형성되었고 더불어 문화사대주의적인 태도가 결합되어 나타난 현상으로 보여 진다.

7. 전체적인 의미로 해석하는 동양철학

동양의 철학은 인간의 몸과 자연, 우주의 관계를 이분법적으로 떼어 놓지 않는다. 인체의 다양한 장부들이 각 오행을 대표하며 저마다 역할을 하는 것처럼 지리적인 배치도 각 역할이 있어 특정한 형상을 띠고 기운을 뿜어낸다. 음양이 나뉘고, 그것이 또 오행으로 표현되는 것은 자연뿐만 아니라 자연의 일부 인 인간에게도 공통적으로 나타나는 현상이다. 풍수지리, 관상, 손금, 사주팔자 같은 것들은 일견 현재의 나의 상황을 표현해 주는 것이기도 하다.

욕심을 부리면 인상이 점점 사나워지고, 마음을 편하게 먹으면 얼굴에 푸근함이 나타나는 것처럼 이런 것들이 절대적인 요인이 아니라, 결국은 '운영 주체자'가 자신임을 깨닫는다면, 어떻게 삶을 살아갈 것인가에 대한 질문에 대해서는 어떤 답이 나올지 자명하다.

미신으로 치부할 것도 없고, 그렇다고 이런 가치들에 얽매여 자기 발전을 게을리 한다면 아무리 좋은 기운, 풍수, 관상이 주어진들 무슨 소용이겠는가? 기본적인 나의 입장은 동양철학이든 서양철학이든 나를 탐구하고, 세상을 바라보는 통찰력을 키워주는 것이라면 받아들이고 공부하고, 나의 것으로 만드는 것이 좋다. 미신이다, 아니다 이렇게 갑론을박 하는 것이 나에게 어떤 도움을 주는가? 동양철학은 인생을 풍부하고 인문학적으로 받아들이고 이해하는데 도움을 얻을 수 있으며, 서양철학은 보이는 면을 중시하는 면이 있으니, 내가 깨달은 것들은 자명한 증거로 알려줄 수 있는 면이 있다. 과거 사람들은 서로의 지식과 철학을 융합시킬 수 있는 만남이나 교류를 할 수 없었지만 현대인들은 모든 정보가 열려있고, 알고자 하면 알 수 있는 환경에 놓여있나.

그야말로 지성과 영성의 황금기에 놓인 것이다. 어떤 사안에 대해 잘 알지 못하면 무지로 흐르고, 무지하면 부정적으로 생각하기 십상이다. 많은 지혜의 말씀이나 경전 등은 이전 시대에는 지금처럼 공개되지 않았다. 그래서 따로 이것들을 해석해주고 알려주는 사람이 필요했고, 이런 사람들이 주로 사제의 역할을 했다. 그러나 지금은 스스로가 알고자 하면 알 수 있고, 스스로가 노력하고 연구를 할 수 있는 시대이다. 근대화과정을 거치면서 많은 한국적 가치들이 부서지고, 외면하고 그러면서도 한쪽에서는 여전히 사람들이 의지처로 삼고 있다.

나의 입장에서는 이런 의식들이 개선되어야 한다고 본다. 어떤 사안에서건 치우친 입장은 위험하다. 하지만 음지에서 다뤄지는 것 또한 문제가 있는 것이다. 오랜 세월동안 한국인의 삶의 일부를 이루었던 가치철학으로 존중하고, 어떤 체계로 운용이 되는 것인지 기초적인 것이라도 공부할 필요가 있다. 서양에서는 현대사회가 풀 수 없는 여러 가지 문제에 대하여 오히려 동양적 가치관에 주목하는 이 때, 우리는 우리가 가진 보물도 제대로 보지 못하고 써먹지 못하는 현상이 우습고도 슬프지 않느냐?

스스로에게 계속 질문을 해야 한다. 그리고 내가 어디로 향하는지를 인지해야 한다. 스스로의 욕망이 원인인지 아니면 자신에 대한 근원적인 질문이 원인인지를 말이다. 자신에게 솔직해야 한다. 길을 떠난다는 것은 일단 솔직하게 자신이 원하는 것이 무엇인지를 알고 떠나야 한다.

남들이 생각했을 때 좋아 보이는 길, 남이 나에게 요구하기 때문에 떠나는 길은 우선 생각했을 때는 바람직 해 보일지 모르나, 언젠가는 그 길에서 벗어나 처음부터 시작해야 하는 때가 올 것이다. 왜냐하면 그것은 나의 길이 아니기 때문이다. 결국 내가 토정을 지어 사람들에게 알려주려고 했던 것은 저마다 걸어가야 할 자신의 길이었다.

스스로에게 솔직하다면 자신을 투명하게 바라볼 수 있고, 그 힘으로 내가 어느 방향으로 나아가야 할지가 보일 것이다. 스스로에게 솔직해지는 것은 생각보다는 어려운 일이다. 슬픈 것은 내가 살던 시대의 사람들은 정신을 어지럽히는 요소들이 지금보다는 훨씬 적었기에 사람들은 대부분 순수한 마음을 갖고 있었다. 순수할 때에는 상대에게 정보를 전달하기가 수월하다. 마음이 열려있기 때문이다. 그러나 현대인들은 환경부터 시작하여 수많은 것들에 오염되어 있기 때문에, 자신이 원하는 것이 정말 무엇인지 알지 못하고, 또 알려고 하지도 않는다.

8. 자신의 운명을 대하는 태도

과거의 사람들은 이분법적으로 세상을 바라보지 않았다. 그러한 사고체계가 존재하지 않았다. 삶이라는 것도 하나의 유기체처럼 생명을 가지고 흘러가는 것이라고 보았다. 그래서 지금은 비록 좋은 흐름이 왔더라도 다음에는 나쁜 흐름이 올 것이고 올해 가뭄이 있었다면 내년에는 홍수가 예상되는 나아가는 흐름이 있었다면 들어가는 흐름, 올라가는 흐름이 있다면 내려가는 흐름, 이렇게 흘러가는 것, 그러면서 변화해 가는 것이라고 파악했다.

그렇다면 삶을 대하는 태도는 어떠했는가? 좋은 일이 일어났을 때는 기뻐하되 언젠가는 좋지 않은 흐름도 닥칠 수 있으니 들뜨지 않도록 마음을 가다듬었고, 안 좋은 흐름 속에 힘든 상황에서는 반드시 좋은 흐름이 오리라 믿고 너무 부정적으로 흘러가지 않도록 마음을 다잡았다. 세상의 질서가 바로 잡혀지지 않았을 때 선비들이 세상에 나아가지 않은 이유도 이런 이치이다. 세상의 흐름이 순리로 나아가지 않을 때에는 바짝 몸을 숙이고 웅크리고 있어야 할 때이고 세상이 다시 순리로 흐를 때에는 나아가 자신의 능력이 제대로 된 곳에 쓰이기를 바랐던 것이다.

그런 의미에서 **지도자는 이러한 흐름을 조절하는 자였다.** 너무 급하게 흐를 때에는 그것이 좀 더 완만하게 흐를 수 있도록 조절하고 너무 쳐져있을 때에는 살짝 올려주고, 너무 활기가 돌 때에는 그것이 불타서 없어지지 않도록 침착하게 머물 수 있도록 역할을 하는 것이 동양에서는 지도자, 즉 군자의 역할이라고 보았다.

지금 스스로를 바라보았을 때 내가 좀 모자란 것 같다는 생각이 든다면, 자신은 여전히 아름다운 달이지만 지금은 지고 있는 달이며, 또 좋은 시기를 맞이했을 때에는 뜨고 있는 달이라고 여기면 어떨까? 달은 달 자체로 소중하고 아름답다. 다만 음과 양이 우주의 법칙인 것처럼 달은 뜰 때도 있고 질 때도 있는 것이다. 언제까지나 슬픈 것도 언제까지나 즐거운 것은 세상에 존재하지 않는다. 삶은 비움과 채움, 그리고 나눔의 순환이라는 것을 잊지 말아라.

인류 역사상 지금처럼 소유와 증식에 집착했던 시기는 없었다. 소유와 증식은 반자연적인 흐름이기에 고립과 고갈을 낳는다. 자연은 스스로 자정하는 힘이 있다. 그리고 그 흐름은 언제나 성공했다. 인간의 삶이 자연과 떨어진 예는 한 번도 없었다. 태어나고 성장하고 배우고 배움을 익히고 다음에는 그 배움을 나누고, 마지막에는 내가 가진 것들을 비우고 세상을 떠난다. 계절의 흐름과 동일하게 가는 것이다. 자연의 지혜를 익히고, 그리 살도록 하면 나는 이미 도道의 길을 걸어가고 있는 것이다.

9. 업이 되는 경우, 덕이 되는 경우

나: 사주나 점술, 관상 등을 보며 상대의 미래를 예측하는 것이 상대방을 도와주는 경우가 될 수도 있지만 그들이 겪어 넘어야 할 사건을 피하게 해줌으로써 오히려 업이 되는 경우가 있지 않은지요? 그러한 것을 어떻게 구별하여 길을 알려주었는지요?

토정: 나 같은 경우는 먼저 상대방의 미래를 예측하고, 다양한 경로로 전기를 읽어 그것을 풀이해 주었지. 하지만 내가 한 일은 그것으로 타인이 스스로가 받게 될 재앙이나 고통을 피하게 해주는 대신 상대가 짊어지어야 할 업을 덜어줌으로써 내가 대신 짊어지는 경우도 심심찮게 발생하기에 누군가의 인생을 읽어주고, 방향을 제시하는 일은 결코 쉬운 일도 아니며 아무나 할 수 있는 일도 아니다. 사람에 대한 지극한 사랑, 마치 부모가 자식을 대하는 마음이 아니면 할

수 없는 일이다.

나: 선인님도 지상에 살 때에는 인간이 아니었습니까? 인간이라면 누구나 스스로에게 다가오는 고통은 피하고 싶고, 누리고 싶고, 누군가에게 인정받고 싶고, 이러한 욕망은 당연한 것 아닌지요? 순수하게 이타적인 마음이 들 수는 없을 것 같습니다. 선인님의 삶을 살펴보면 처음부터 끝까지 '중생구제'라는 것에 초점이 맞추어져 있었습니다. 그러니까 그것이 삶의 목표이자 이유인데다, 정말로 최선을 다해 조선을 구제하려고 한 것이 느껴졌습니다. 보통의 사람으로 태어나 어떻게 그런 것이 가능할까요?

토정: 모든 사람의 마음속에는 존재와 연결되고 나누고 싶은 본성이 있다. 일찍 마음공부를 시작하여, 마음이 실로 우주와 연결이 되어 있고 나라는 존재가 우주의 일부로 존재한다는 것을 깨닫는 다면 인류는 형제이며, 자연물, 나를 둘러싼 모든 존재들과 나는 기운을 나누며 살아가고 있다는 것을 알게 될 것이다.

나는 일찍부터 수련을 하면서 천지만물이 하나로 돌아간다는 것을 알게 되었고, 진리를 조금 더 빨리 깨달은 경우라고 할 수 있지. 하지만 마음공부를 하지 않았더라도, 인간의 마음을 살펴보면 다들 타인을 돕고자 하고, 함께 행복해지는 것을 바라는 마음이 있다. 살면서 타인이 다름 아닌 나의 다른 모습이며, 함께 연결되는 기쁨을 맛보지 못했기에, 이러한 면이 계발되지 못한 것이다.

돈이나 물질은 인간의 본래마음인 본성을 많이 가리는 측면이 있다. 조선시대가 가지는 어쩔 수 없는 시대의 산물로 일어나는 사회적 사건들을 목격하면 비판하는 마음이 들 수 있겠지, 하지만 조선시대를 살았던 나의 눈으로 현대인을 살펴보면, 조선시대의 탐관오리들이 행했던 탐욕과 사치와 향락의 수준에 비할 바가 아니다. 돈이나 물질자체에는 어떤 가치를 부여할 수 있는 것이 아니다. 그것은 도구이기 때문이다. 다만 그것을 추구할수록 물질이 가진 속성 - 축적하고 집착하게 하는 - 특징 때문에 자칫 하다간 내가 그 힘에 휩쓸리고 만다는 것이다.

내가 했던 일은 타자와 나를 구별 짓지 않았던 마음에서 비롯되었다. 근본적으로 너와 내가 다르지 않다는 마음이 있었기 때문이지. 사람의 그릇의 크기는 타고나는 것이기도 하지만, 내가 후천적으로 노력하면서 그릇의 크기는 바꿀 수 없어도 그릇의 내용물은 바꿀 수 있는 것이다. 나의 경우는 인간을 깊이 연구하면서 인간에 대해 무지가 벗겨져 내려졌다.

인간을 점점 이해할 수 있게 되면서 연민이 들었딘다. 무지할 때는 어떤 사안에 대해 일방적인 시각을 가지게 되기 쉽다. 이해하면 그 사람이 왜 현재의 모습을 하게 된 연유와 인간으로 가지는 어쩔 수 없는 능력의 한계까지 이해함으로써 능력이 된다면 돕고 싶은 마음이 드는 것이다. 그것은 내가 특별해서가 아니라 누구나 마음속에 가지고 있는 '측은지심'이다.

그럼에도 인간에 대한 '연민'이 깊어지는 시기는 있었지. 잠행시절 전국 방방곡곡 가보지 않은 곳이 없었다. 내가 태어난 땅, 산천을 몸으로 둘러보고 느끼고 사람들을 만나면서 조선이라는 나라가 훤하게 그려졌고, 계절의 흐름, 날씨의 변화, 그에 따라 변화하는 사람들의 생활, 자연과 인간의 삶, 풍수와 지리, 이런 것들이 유관하게 엮이어 인간의 의식주와 사고방식에 영향을 주고, 인간의 관상, 손금, 사주팔자등도 자연현상과 따로 떨어져 존재하는 것이 아니라, 그대로 하나의 자연현상이라는 것을 이해하게 되었지.

인간의 감정이 변하듯, 날씨가 변하는 것이고, 감정이 변하면 기분이 변하고 생각이 변하며, 생각이 변하면 행동이 변하는 것이다. 한 가지 분야를 깊이 들어가면 세상의 모든 것은 서로 통하는 부분이 있음을 알 수 있다.

책상 위에서만 공부를 했다면 절대 알 수 없는 부분이었지. 대략적으로는 알아도 온 몸이 천지와 감응하여 깨치는 경험을 하는 것은 어려울 것이다. 내가 세상에 태어나서 어떤 일을 해야 하는지 가슴깊이 느끼고 싶다면, 내가 있는 그 자리에서 떠나야 한다. 타자와 부딪치고 소통하고 그 과정에서 얻어지는 깨달음이 쌓이면서 비로소 내가 해야 할 일이 보일 것이다. 그 전에는 그저 이론단계의 수업일 뿐이다.

10. 신분제와 인간세계의 불평등의 이유

나: 인간세계에 신분제가 생기는 이유는 무엇이라고 생각하시는지요?

토정: 지구에 존재하는 인류는 겉으로 보기에는 단순히 흑, 백, 황인으로 나뉘는 것 같지만 실제로는 다양한 우주의 인류들이 모여 구성된 것이며, 서로 간의 수준의 차이로 인하여 상생보다는 상극의 원리에 의해 서로를 지배하고자 하는 쪽으로 역사는 흘러왔지. 종족간의 전쟁, 나라 간의 전쟁, 문명 간 전쟁이 바로 그러한 예이지. 역사가 흘러가면서 침략의 결과물이 후손들에게 전해지고 강화되어 오늘날에 이르렀단다. 그래도 문화의 교류가 비교적 빈번하게 이루어지는 곳에서는 그 개방성으로 인해, 신분의 변화가 주기적으로 이루어졌지만 고립된 지역에서는 기존의 질서가 무너지지 하고 현재까지 이르게 된 것이다.

과거에는 독점적 권력이 지배하는 사회였다면 점차 공유에 의한 권력과 자원의 분산이 이루어시고 개인 고유의 특성에 가치를 두는 세상으로 변해갈 것이다. 다양한 구성원이 존재하는 상황에서 모든 사람이 동일하게 살 수는 없었다. 현대인의 눈으로 보았을 때 지구역사의 흐름은 불평등한 것으로 보이겠지만, 처음부터 완벽하게 완성되는 것은 없다.

투쟁이나 전쟁 등을 겪으면서 인류의식이 깨이면서 점차 수

정해 나가는 것이 현재까지 인류가 변화해 온 방법이다. 각자 스스로의 삶을 살아가면서 각 분야에서 깨어나가면서, 깨인 사람이 모여 세상은 상생의 흐름으로 변화해 갈 것이다. 결국은 나 자신의 변화가 있고, 다음에는 이웃들의 변화, 그리고 세상의 변화, 이렇게 움직임이 있는 것이다.

나: 그렇다면 불평등에 대해서는 긍정하는 말씀이신가요?

토정: 부정하고 긍정하고의 문제가 아닌, 당연한 것이라는 것이다. 우주자체가 다양성으로 인하여 존재하는 것인데, 다양성은 일부는 불평등으로 표현되기도 하고 차이로 표현되기도 하고, 때로는 귀한 것으로 표현되기도 한다. 다양함을 이끌어가는 사회의 구성원의 역량에 따라 퇴보하는 흐름으로, 혹은 상생하는 흐름으로 나아가는 것이다.

우리는 내재된 불완전성으로 인하여 완전함에 대한 갈망이 생긴다. 모든 것이 균일하고, 모든 것이 고루 발전된 사회에서는 그 자체로 무엇을 해 보아야 겠다는 열망이 생기기가 어렵다. 모두가 비슷한 모습, 비슷한 생각, 비슷하게 행복한 상황에서는 그 상황을 극복하고자 하는 열정이나 의지가 생기기가 어렵다. 그래서 많은 우주의 인류들이 모험을 하겠다고 지구에 태어나는 것이다.

11. 흙수저, 금수저, 차등을 가지고 태어나는 것에 대해

나: 흙수저, 금수저라는 말이 한 때 한국에서 유행이었습니다. 이렇게 각자 차등을 갖고 태어나는 이유가 있을까요?

인간의 삶이 영속성을 지닌다고 보았을 때, 각자 필요에 의해서 다양한 역할을 부여받고 태어난다. 현생에 가난하게 태어났다고 해서 다음에도 그렇게 태어나는 것은 아니다. 가난과 핍박의 통해 하나의 경험을 하다가 가는 것이다. 다양한 경험을 통해 영의 성장하고 깨어나는 것이 태어남의 목적이기 때문이다. 대부분의 사람들은 각자의 역할을 가지고 삶 속에서 무엇을 수행할지를 계획하고 태어나지만, 때로는 그저 구경꾼으로 혹은 한 생을 그저 쉬로 오는 경우도 있다. 인간의 눈으로는 알 수 없지만 우주의 입장에서는 한 인간의 영생의 관점에서 바라보기 때문에 단순히 이번 생을 가지고 평가하지는 않는다. 그런 점에서 지금의 나의 삶은 비합리적이고 이해되지 않는 것으로 가득 찬 것으로 보여도, 우주의 입장에서는 지극히 정상적이기도 하다. 인과의 법칙, 순환의 법칙에 의해 현재의 모습에 이른 것이고, 미래를 바꾸고 싶다면 현재의 모습을 바꾸면 된다.

항상 자신의 현재에 감사한 마음을 가지고 주어진 것들에 대해 겸손한 마음을 가지는 것이 어려움을 극복하는 열쇠이다. 지상에 다녀갔던 수많은 선각자들은 그러한 태도로 생을 살았음이다.

지구에서 일어나는 많은 사건들은 그 동안 역리로 흘러간 측면이 많다. 그 이유는 역리를 통한 고난이 인간의 진화에 도움을 주기 때문이다. 강한 힘에 억눌리고 고난을 겪은 후에 삶에 대한 통찰력이 길러지고 삶에 대한 자각이 일어나 인간으로써 한층 더 성숙해 질 수 있는 것이다. 하지만 언제까지나 역리의 방법으로 공부를 하는 것은 아니며, 일정한 수준이상이 되면 역리는 큰 의미가 없으며 그때부터는 순리대로 흘러가게 될 것이다.

대한민국에서 벌어지는 일들은 지구진화의 속도와도 무관하지 않으며, 특히 한민족들은 앞으로 다가올 정신문명을 이끌어 갈 민족이기에 특히 많은 고난을 받아야만 하는 우주적 차원의 스케줄이 있었다.

12. 남녀의 차이는 어디서 오는 것인가

나: 남녀에 대해서 묻습니다. 역사적으로 보면 어느 때는 여성의 역할이 대두되었던 시기가 있고, 어느 때에는 남성의 지위가 조금 더 우위에 있었던 때가 있었습니다. 지금은 여성들의 지위가 예전에 비해 올라가는 추세에 있습니다. 남녀는 평등하게 창조되었는지요?

토정: 남녀는 다르게 창조되었다. 외모나 역할 등에서 엄연히 다르게 창조된 것이다. 그러나 가치에 있어서의 불평등을 뜻하는 것이 아니다. 남자는 양의 속성을 지니고 있어 발산

을 주로하고 여성은 음의 속성을 지니므로 수렴하고 양육하는 일에 적합하다.

이것은 대체적으로 그렇다는 것이 절대적인 기준은 아니다. 그 동안 지구의 순리란 강자에게 순응하고, 강자의 입장을 좀 더 배려해주는 흐름이 있었기에 육체적으로 강했던 남성 우월의식이 있었던 것은 사실이다. 이에 대한 반대급부로 여성우위의 흐름이 생겨난 것이고 이 흐름들이 어느 정도는 지속되다가 결국에는 양성평등의 시대로 나아가게 될 것이다.

나: 인간은 서로 다름을 반목과 질시의 역사로 만들어 냈습니다. 그럼에도 불구하고 서로 다르게 창조한 이유가 있는지요?

토정: 우주의 존재들이 불균형하게 창조된 이유는 불균형성을 통해 균형으로 나아가려는 운동성을 띠게 된다. 만약에 모든 존재가 정확한 균형을 이루고 태어난다면 그 존재는 운동성이 사라지게 된다. 그런 의미에서 활발한 운동성은 그 자체로 생명이며, 진화의 원동력을 가져다준다. 그린 의미에서 인간의 눈으로 보았을 때는 천국 같아 보이는 곳이라도 진화의 관점에서는 운동성이 약하여 발전의 여지가 별로 없는 곳이기도 하다.

13. 우주의 근본원리는 변화, 역易

우주의 근본원리는 변화이며 변화는 움직임이다. 불균형으로 생긴 회전력과 변수의 다양성과 방향성이 형성되는 것이다. 음과 양이 서로 부족하다고 하여도 회전하며 움직임으로써 서로의 에너지가 채워지는 것이며 더 큰 통합이 가능한 것이다. 비우고, 나누는 행위는 그 자체로 나의 존재가 커질 수 있는 방법이다. - 없이 +는 존재할 수 없다. +없이는 - 도 존재하지 않는 것과 같다. 세상의 모든 것은 나름의 가치를 지니는 것이다. 악이 없으면 선이 빛날 수 없으며 때로는 악이 있기에 선함에 대한 갈망이 일어나는 것이다.

14. 사주나 주역, 각종 점술을 대하는 태도

나: 각 나라마다 나름대로 운명을 점치는 체계가 존재합니다. 동양에서는 오랫동안 사주팔자와 관상, 주역이 그 역할을 대신했고요 서양에서는 애니어그램, 타로, 별자리등이 그런 역할을 했던 것으로 보입니다. 미래예측프로그램이라고 할까요? 아니면 운명예측프로그램이라고 해야 할까요? 이런 것들을 대하는 자세는 어때야 하며, 선인님께서 인간의 운명을 해석할 때에는 어떤 어려움이 있었는지요?

토정: 사주와 주역의 차이에 대해서는 알고 있겠지? 주역은 우주의 큰 흐름을 풀이하는 것이고, 사주는 개체의 운명의 변화를 풀이하는 체계이지. 동양철학은 기본적으로 인문학적

인 성격을 지닌다. 그렇기 때문에 수학처럼 공식을 대입하여 풀이하면 정답이 나오는 것이 아니라, 그것을 어떻게 풀이하고 해석할 지는 직관, 영감, 삶의 통찰력 그리고 경험이 총체적으로 필요하다. 사람을 읽어내는 것은 하나의 세계를 읽어내는 것이다. 그렇다면, 그것을 해석하는 사람은 세상을 이해하는 폭이 넓을수록 미래에 대한 해결책도 풍부하게 제시할 수 있는 것이다.

주역이나 타로카드의 경우에는 인간 속에 잠재된 무의식의 세계를 읽어내는 도구이다. 인간의 무의식은 인간의 의식세계와는 달리 시간과 공간을 초월해 있어, 무의식의 세계가 훨씬 깊고 근본적이라고 할 수 있다. 다만, 무의식의 세계를 해석하는 것은 그 모호함으로 인하여 결과의 확신을 가지기가 어려운 점이 있다. 그래서 인문학적 소양이 중요하다고 하는 것이다.

깊고 넓은 무의식의 세계를 읽어내는 일은 직관이 필요한 일이고, 인생을 관통하는 통찰력이 필요하다. 인생을 읽어내기 위해서 내가 세상을 이해하는 폭이 깊고 넓을수록 해석의 깊이도 달라질 수 있다. 점을 치는 이유는 무엇인가? 그것은 점술의 결과만으로 나의 운명을 결정하고, 그에 따라 움직이기 위함이 아니다. 인간사는 진인사 대천명의 자세가 기본이다.

항상, 하늘의 의견을 여쭙기 이전에 인간으로서의 도리에 최선을 다 하는 것이다. 인간으로 할 수 있는 시도를 다 한 다음에 겸허한 마음으로 하늘의 뜻을 물을 때, 하늘과의 소통의 도구로서 주역이나, 타로카드를 이용한다. 많은 선인들이 평소 주역점을 자주 쳐 본 이유는 무엇인가? 점술에 의지하여 자신의 인생을 결정하기 위함이 아니다. 지상에서 인간으로서 자신이 할 수 있는 것을 다 한 다음 최종적으로 하늘의 의중이 어떠한 것인지를 묻는 과정이다.

실제로 주역 점을 쳐 보면, 그것은 양자택일의 해결책을 제시해주기 보다는 나의 현재 마음 상태를 볼 수 있게 도와주어 현 상태를 객관적으로 바라볼 수 있게 한다. 사실, 평소에 마음분석을 잘 하는 경우라면 주역점을 봤을 때 나온 결과가 무엇을 뜻하는지 직감적으로 느낄 수 있다. 아직 표면화된 생각은 아니지만, 의식의 저편에 덩어리로 존재하던 무엇이 언어로 표현된 것이기 때문이다. 항상, 하늘의 뜻은 마지막에 묻는 것이다. 그리고 하늘은 나에게 이래라 저래라 제시하지 않는다. 다만 현 상태를 보여줄 뿐이다. 그래서 내가 그 순간 마음에 변화를 일으켜 행동이 달라지면 그에 따라 또 같은 질문에 대한 답변이 달라진다.

사주는 그것을 해석하는 사람에 따라 같은 사안이라도 어떤 이는 긍정적으로 어떤 이는 부정적으로 해석하는 경우가 있다. 제일 좋은 것은 자신의 사주에 관한 것은 스스로 공부하여 기본적인 것은 알고 있는 편이 좋다. 그래야 전문가의 해석을 듣더라도, 본인만이 알 수 있는 부분이 있어, 스스로의 해석을 내릴 수 있기 때문이다.

예를 들어 말을 잘하고 말로 먹고 사는 사주를 가진 사람이라고 해 보다. 어떤 사람은 말하는 것에 뛰어난 재주가 있으니, 무엇을 하든 말과 관련된 일을 하는 것이 좋을 것이라고 조언하고, 어떤 이는 말은 잘하지만 깊이는 없는 편이라 학문을 하기 보다는 물건을 판매하는 일에 적합하다고 해석해 줄 수도 있다.

그렇다면 이 해석을 듣는 '나'의 입장에서는 일단 내가 '말'에 관한 재주가 있다는 것을 파악하고, 자신에 대해 깊이 관찰을 한 다음, 나에 대한 결론을 내리면 된다. 해석을 해주는 사람도 스스로가 가지는 특성에 따라 해석을 내릴 수밖에 없다. 운명을 해석해 줄 때 핵심은 상대방의 기운을 꺾는 것이 아닌, 희망을 가질 수 있도록 인도해 주어야 한다. 사주나 주역을 보는 이유를 생각하면 답은 간단하다. 삶을 긍정하고 나아갈 수 있도록 돕는 희망의 인간학인 것이다.

삶이 불안한 이유는 모르기 때문이다. 알고 겪는 것과 모르고 겪는 것은 강도에 있어서 큰 차이가 있다. 알고 나면 인간에게는 견딜 수 있는 힘이 생긴다. 운명을 읽어주는 이유는 운명을 알게 하고 따라서 이에 대해 능동적으로 개칙하라는 의미이다. 즉, 운명을 점치는 이유는 운명에 매이지 않고 벗어나라는 의미가 큰 것이다. 아무리 과학기술이 발전한다고 해도 인간 무의식의 세계와 마음의 세계의 변화를 파악하기는 어렵다. 이들에 대한 관심은 앞으로도 계속될 것이며, 인간을 연구하는 사람들이라면 반드시 해야 할 공부이다.
(즉, 모든 사람이 공부를 해야한다!)

나가며

이 책은 21세기를 살아갈 토정 이지함의 후예들을 위해 썼다. 그가 현 시대를 살아간다면 어떤 모습으로 살아갈까? 16세기 조선을 살았던 그는 이미 여러 면에서 시대를 앞서간 인물이었다. 그가 시행했던 여러 가지 사업들은 당시 만연했던 가내수공업의 차원이 아닌 기업경영방식을 시도했으며, 염전을 개발하고, 나라간 교역을 주장했으며, 양반신분임에도 직접 장사를 하면서 부를 쌓았으며 마포나루에 토정을 지어서, 자신을 찾아오는 백성들에게 의료, 일자리, 사주 등 삶의 전반에 걸쳐 등불과 같은 역할을 하셨다.

그는 여러모로 독특한 인물이었다. 행적자체도 사고하는 방식도 행동도 당시 조선사회의 틀을 벗어난 인물이었다. 그가 생전 주장했던 사상들은 오히려 현대인들의 의식수준에 가까웠다. 역사적으로 틀을 벗어나 사고하고 시대를 이끌려 했던 사람들은 그 시대를 지배했던 세력들에 의해 '혹세무민'이라는 죄목으로 역사의 뒤안길로 사라졌다. 토정 이지함은 그래도 몇 차례 현감직무를 이행했고 그의 행적이 기록에 남아 있어 후인들이 그에 대한 흔적을 접할 수 있어 다행이라고 해야 할까?

사람들의 사고와 의식수준이 성장하면 이전시대는 마감하고 새로운 시대가 펼쳐진다. 그렇다면 그에 맞는 사상이나 철학도 함께 탄생된다. 새로운 생각들은 중심부에서 생성되지 않고 항상 변방에서 시작되었다. 그의 혁신적 사상도 양반 신분이라는 틀 속에 갇혀서 생각하고 살았기 때문이 아니라, 틀을 벗어나 있었기 때문이다. 제도라는 것도 일종의 인간이 편의에 의해 만든 것인데, 그렇다면 나는 그것을 거부하고 나만의 질서를 창조해낼 수 있다. 헤르만 헤세는 〈데미안〉에서 이렇게 말했다. 하나의 세계를 깨부수고 새로 태어나는 과정은 결코 쉽지 않다고. 여러 번 알을 쪼아야 가능한 것처럼 자신이 여러 번 부서지는 경험을 해야 한다. 인큐베이터 속에서 연습한 것들과 전혀 다른 야생의 세계를 마주하며 나름의 해답을 찾는 과정이 필요하다.

혁신을 위해서는 중앙으로 집중하는 리듬에서 벗어나 원운동을 해야 한다. 중앙으로 집중해서 달려가는 리듬에서는 오직 경쟁과 승자와 패자들이 존재한다. 그러나 원운동을 하면 연대를 하고 나의 세계를 확장을 할 수 있다. 세상이 안정된 시기에는 안정성을 바탕으로 중앙으로 집중하는 운동성을 띠지만 혼란의 시기에는 집중하는 흐름에서 벗어나 원운동을 해야 한다. 다음시대의 흐름, 세상, 생각을 만나고 그 생각과 연대하고 확장해야 한다. 현재의 세상은 **전환기**에 놓여있다. 어떻게 살아갈지는 여러분들의 선택이다. 하지만 토정 이지함은 내내 말한다. 이제는 하나의 선택지만 놓여있는 시대가 아니라고. 다양성을 추구하고 우리가 잃어버렸던 모습, '얼'을 되찾아야 할 때라고. 회복은 자연과, 영성과의 연결로부터 시작될 것이다. 이 책과 인연이 닿은 독자들은 자신이 왜 이 순간, 이 세상에 살아가고 있는지를 생각해 보는 계기가 되길 바란다.

토정 이지함(1517~1578)
조선중기 혼란의 시기를 살다간 선인 토정 이지함. 세간에 알려진 바로는 토정비결의 저자이며, 백성구제사업을 펼쳤던 위인으로 기록되어 있다. 덧붙여 그는 한국의 선맥을 이었던 선인仙人으로써, '인간'을 깊이 연구하여 우주의 법칙을 깨우치는 공부를 하시고 가셨다.

김예진(작가/한국학자):국제협력전문공무원으로 활동하다 한국역사와 문화에 대해 본격적으로 공부하고 싶어 한국학 박사입학, 현재는 휴학 중. 19년째 호흡명상을 했다. 현재 시나리오, 소설, 다큐멘터리를 쓰며 선인을 주제로 한 책을 다수 출간했다. <세계최초군주혁명가, 정조이산>, <정조의 비밀사관, 은서>, <조선최초한류스타, 허난설헌>, <행복한 백수학교>, 영화 <하나식당>의 시나리오를 썼다.

참고도서
<조선의 슈퍼스타 토정 이지함> 이태복 지음, 동녘 출판사
<이지함 평전> 신병주 지음, 글 항아리
<한국 선비 지성사> 한영우 지음, 지식산업사
<소설, 선> 문화영, 수선재
<나의 운명 사용설명서>, 고미숙, 북드라망
<16세기, 성리학의 유토피아> 강응천 외, 민음사
<한국의 선인들> 문화영, 수선재
<2030 축의전환> 마우로 기엔/우진하 옮김 리더스북
<오늘부터의세계> 안희경, 메디치미디어
<에디톨로지> 창조는 편집이다, 김정운, 21세기 북스
<선인류의 삶과 수련> 수선재 역음, 수선재출판사

조선의 미래학자,
토정 이지함에게 길을 묻다
<경제, 교육, 인간의 미래>

발 행 | 2023년 8월 3일
저 자 | 김예진
펴낸이 | 한건희
펴낸곳 | 주식회사 부크크
출판사등록 | 2014.07.15.(제2014-16호)
주 소 | 서울특별시 금천구 가산디지털1로 119 SK트윈타워 A동 305호
전 화 | 1670-8316
이메일 | info@bookk.co.kr

ISBN | 979-11-410-3777-2

www.bookk.co.kr
ⓒ 김예진 2023
본 책은 저작자의 지적 재산으로서 무단 전재와 복제를 금합니다.